JN279825

フィールドワーク教育入門
コミュニケーション力の育成

原尻英樹

玉川大学出版部

まえがき

　この著作は、フィールドワーク教育の意義と具体的実践について書いた本である。もちろん、フィールドワーク教育とは何かについて知るためにはフィールドワークとは何かについて知らなければならないので、フィールドワークとは具体的にどのような活動であり、そしてそれをどのように実践するのかについても解説している。また、フィールドワーク教育の具体的実践がどのような教育的効果を生むのかについても論じている。このように、本書は、内容的には三部構成になっており、それらは、(1)フィールドワークとは何か、(2)フィールドワーク教育の実践と方法、(3)フィールドワーク教育の教育的効果、の順序である。

　(1)「フィールドワークとは何か」においては、これまでの代表的なフィールドワーク論を踏まえて、フィールドワークの概念規定をおこなっている。ここにおいては、フィールドワークの原点であるマリノフスキーの『西太平洋の遠洋航海者』から、フィールドワークのもつ意味を再考し、それを今日の学問状況と対比しながら、新たな意味についても考察している。さらに、私自身のフィールドワークについて紹介し、これによって読者はフィールドワークの実践についての具体的イメージをもつことができよう。最終的に、読者は古典・原点のもつ奥深さについて理解できるとともに、それを乗り越えることの大切さについても識るに違いない。

　(2)「フィールドワーク教育の実践と方法」は、この本の主要部分であり、私自身のフィールドワーク教育の実践内容について記述しているので、読者は、フィールドワーク教育がどのように実践されるかについて、具体的に理解できるだろう。さらに、これらの記述の行間において、この記述内容に基づいた分析もおこなっており、それによって第Ⅰ部の「フィールドワークと

は何か」についての考察を具体的な分析で確認できるようになっている。

(3)「フィールドワーク教育の教育的効果」は、フィールドワーク経験あるいはフィールドワーク教育を受けることによって、どのような認識上、そしてそれと関連する生活の方法上の変化が生まれるかについて記述し、それが可能になるための条件について考察している。ここでは、フィールドワークの実践を通して得られた他者とのコミュニケーションの方法をより発展させる認識のあり方について紹介している。これによって、読者は国際化、グローバリゼーションの現実のなかで、われわれが実践できる人との関わり方とそのための認識方法について考えることができよう。それから、フィールドワーク教育の計画、実施等についても説明し、フィールドワーク教育の教育効果をあげるための方策について解説している。

最後に付録として、実際に学生が作成した論文、レポートを掲載している。私の指導方針として、フィールドワーク実習の報告書は単なるレポートではなく、論文形式にしてもらうようにしている。その方が、学生にとって、意味があると考えるからである。

本書の基本的構成は以上のとおりであるが、フィールドワーク、フィールドワーク教育についての理解を深めるために、コラム等での用語解説やフィールドワークに関わることについての説明を充実させた。つまり、本書にはフィールドワーク教育のミニ事典的性格もあるといえる。

本書を一読されれば、ご理解いただけると思うが、フィールドワーク教育の実践は、「広義の人間関係づくり」、「他者理解と自己理解」、「他者とのコミュニケーション」、「経験していない事態への具体的対処」、などと関わっており、これらの実践の礎を築くことにもつながるので、その応用範囲は比較的広いといえる。

目　次

まえがき　3

第Ⅰ部　フィールドワークとは何か
　フィールドワークを理解するために　11

1章　フィールドワークを考える……………………………13
　1．人の話を真摯にうかがう　13
　2．フィールドワークで何を理解するのか　14
　3．「観」の目で見る　17

2章　フィールドワークの方法……………………………21
　1．原点の人類学者マリノフスキー　21
　2．全体的アプローチ　24
　3．「語られる側」と「語る側」　28
　4．現代日本のフィールドワーク方法論　32

3章　私のフィールドワーク……………………………39
　1．マイノリティ研究からの旅立ち　39
　2．文化人類学的フィールドワークへの目覚め　42
　3．アメリカのマイノリティ研究へ　45
　4．「伝統社会」再考のフィールドへ　49

第Ⅱ部　実践・フィールドワーク教育
　　フィールドワーク教育とは何か　57

4章　実践1——漁村　妻良 …………………………………… 60
　1．実習地の選定と準備　60
　2．現地入り後の指導　63
　3．盆踊り　66
　4．何のために調べるか　67

5章　実践2——山村　立岩 …………………………………… 69
　1．実習地としての適否　69
　2．人間関係づくり　70

6章　実践3——農村　一色 …………………………………… 74
　1．共同体としてのムラ　74
　2．実習を継続する効果　75

7章　実践4——都市のなかのムラ　大谷 …………………… 79
　1．コミュニケーション能力の獲得　79
　2．テーマの決定　80
　3．調査から論文作成　82

第Ⅲ部　フィールドワーク教育の方法
　　フィールドにおける教師の役割　89

8章　教育的効果を生む環境づくり ……………………………… 91
　1．大学生の現状を把握する　91
　2．教員全体によるカリキュラムづくり　93

9章　フィールドワークの心構えと技法 ………………………… 97
　1．コミュニケーションと学習　97

2．フィールドワークの原則　　97
　3．生活史調査の原則　　98
　4．些細な HOW TO について　　99
　5．コミュニケーションを通して学ぶ　　100
　6．フィールドワーク教育の可能性　　103

第Ⅳ部　フィールドワーク教育の教育的効果
　新しい認識力を身につける　　109

10章　フィールドワークで自分が変わる……………………………110
　1．自分の常識を相対化する　　110
　2．スプーンの使い方　　112
　3．多元的な見方を身につける　　114
　4．世界に通じるコミュニケーション能力　　116
　5．他者をどう認識するか——寛容性と差別感　　118

11章　フィールドワーク教育成功の秘訣………………………………127
　1．大学で学ぶということ　　127
　2．実践の秘訣　　130
　3．教育プログラムの作成　　131

付録　フィールドワーク・レポート　　139
　盆行事の過程……井谷晋弥　　140
　東大谷の漁業とお不動さん……東原初夏　　154

フィールドワーク関連文献紹介　　161

あとがき　　169

索　引　　171

コラム
　文化人類学　23
　文化とは何か　25
　解釈学　27
　フィールドワークとジャーナリズム　29
　民族学　31
　日本のフィールドワーク 33
　社会とは何か　35
　歴史とは何か　37
　民族集団論とエスニシティ　42
　フィールドワークのタイプ　59
　農村と漁村　62
　エチケットとマナー　83
　「構え」　125

第Ⅰ部
フィールドワークとは何か

フィールドワークを理解するために

　この本はフィールドワーク教育とは何であり、どのように実践したらいいのかについて書かれた本である。まず、フィールドワークとは何かという疑問が読者にあるだろう。これについては第Ⅰ部をお読みになれば、フィールドワークとは何かについてご理解いただけるに違いない。フィールドワークとは、一言でいえば、「人を受け入れる方法と実践」であるといえよう。ここで、フィールドワークについてある程度知っている人ならば、フィールドワークとは調査の技法ではないか、他者を知る方法ではないかという疑問をもたれるかもしれない。一般的なこの見方も間違ってはいないと考えられるが、正鵠を射た見解とはいえないだろう。なぜならば、これではなにゆえに調査をしなければならないのか、あるいは他者を知らなければならないかについては答えられないからである。代わって、「人を受け入れる方法と実践」といえば、フィールドワークの目的は正に他者を受け入れることになり、フィールドワークはその目的を遂行するための方法と実践になるといえる。

　では、次に、なぜ、人を受け入れなければならないのかという疑問が出されよう。人間が作っている社会においては、人は人と結びついており、この結びつき、絆(きずな)がなければ、何人も生きていけないはずである。自分は一人で生きているのだといくら強がってみても、われわれは、目に見えるか見えないかは別にして、有形無形の、常に他者からの恩恵、おかげをもって、何とか生存できている。この人間の原点に立脚する限りにおいて、人は人を受け入れることによって人になるといっても過言ではないであろう。

　しかしながら、私も含めて人とは愚かな面も併せ持っており、この「おかげ」をしばしば忘却する。ところが、フィールドワークとは人を受け入れる方法とその実践であることを常に念頭においてフィールドワークを遂行していけば、そういった事態は起こるだろうか。生身の人間とのより良いコミュニケーションを実践していく中で、そしてこのような考え方に基づいた実践の中で、人は、やはり人として覚醒していく可能性があると考えられる。

　また、フィールドワークの実践は、特定の研究などに限定されることはないのであって、日常的な他者との関わり方にも応用できるコミュニケーション能力そのものにもなりえるのである。近年、若者のコミュニケーションについての能力が疑問視されているが、いかなる時代になろうとも、人が人である所以

は変わりようがないのであり、コミュニケートする能力は誰でももっているのであって、その能力が開発されていないことが問題であると考えられる。

　以上のように、本書は、広義のコミュニケーション能力の開発のための本でもあり、文章の行間に、自分の潜在的能力を開かせる可能性も見出すことができるだろう。読書とは、本来単に情報を集めるためにするのではなく、自分の可能性を開花させ、新たな世界のありようを感得するためにする、人間の教養獲得の手段であるといえる。実は、これもフィールドワークの実践なのであって、読者は、書き手との対話を遂行しながら、書き手を受け入れ、そして自分の可能性を素直に受け入れるのではないだろうか。それによって、読書前と読書後の読み手は別の人になるに違いない。もちろん、それだけの内容のものでない限り、そのようなことはできないであろうから、書き手の基本姿勢がまっとうでなければ、そのようなことは期待できないであろう。

　本を書くということは、書き手が自分を裸にして、自分の恥までも暴露しながら、それでも伝えたいことがあるから、敢えて書かざるを得ないことを書くことによって成り立つといえよう。

　それがどこまで成功しているのかは、私の能力を超えることであり、それは読者個々人にお任せする以外に方法はないであろう。

　願わくは、フィールドワークおよびフィールドワーク教育についてご一考いただくことで、読者諸氏に、人間としての可能性に気づいていただければ、書き手冥利に尽きるといえるだろう。

1章　フィールドワークを考える

1．人の話を真摯にうかがう

　「フィールドワーク」という言葉は、中学や高校の総合学習でもよく使われるようになった。しかしながら、「では、フィールドワークとは何なのか？」となると、答えに窮する人が少なくないだろう。われわれの日常生活の延長で考えるならば、フィールドワークとは、「人の話を真摯にうかがい、人々とのコミュニケーションを通して、それらの人々への理解を深めると同時に、自分に対する理解も深める活動」ということができよう。

　誰しも日常的に人の話を聞いているが、「真摯にうかがい」ながら、聞いているかというとそうでもないだろう。ここで、「真摯にうかがう」とは、自分のことを勘定に入れずに、あるいは、入れないように努力しながら、その人の立場に寄り添いながら、聞くということである。日常生活の場面で、すべての人がこのように人の話を聞いていれば、誤解や偏見は生まれないはずであるが、残念ながら、われわれの日常生活では、このような場面は、現実にはかなり限定されている。「真摯にうかがう」とは、自分のもっている論理的能力、他者との共感能力、それに感性をフルに動員（導引）して、自分のもっているすべての能力を使って、相手の理解のために努力することをさしている。ここにおいては、単に他者理解のための営為以上の意味が、フィールドワークにはあることになる。それは、他者理解という営為を通して、その時点での自らの能力の限界に気づきながら、今後の潜在的可能性を発展させるということである。

　自分が聞きたいことを聞くのは誰にでもできることだろうが、「相手のことを理解するために聞くこと」が、「人の話を真摯にうかがう」ことであり、単なる聞き書きやヒヤリングとフィールドワークは、その基本的方法が異な

るといえる。このことは、次にある「人々とのコミュニケーションを通して」という言葉にも如実にあらわれている。コミュニケーションとは、人と人とのやりとりを意味する。フィールドワークにおいては、「やる」方と「とる」方は、交互にその役割が入れかわりながら、コミュニケーションが進行していく。聞き書きの場合、「聴く方」と「話す方」に役割が固定されており、お互いのやりとりの役割が交互に入れかわることが想定されていない。

「私、聴く方」、「あなた、話す方」に分けられていたのでは、対等な人間関係づくりにはならないといえる。なぜならば、質問に答える方は、聞かれたことに反応だけすればいいのであって、聞いている人についての質問などは想定されていないのであるから、単なる情報提供者になってしまうからである。聞いている方は、聞きたいことを聞いてホクホク顔かもしれないが、ただ質問に答えた方は、相手に情報を提供しただけであって、相手が自分に対する理解を、少しでもいいから深めたなどとは思ってもいない。実際のところ、この場合、聴く方が上であり、答える方はその下に位置付けられる。なぜならば、対等の人間関係では、「聴く方」と「話す方」が交互にいれかわるのが通常だからである。

つまり、フィールドワークにおいては、自分の聞きたいことを聞くのではなく、相手を理解するために話をうかがわせてもらうのである。さらに、そのやりとりには、相手からの問いも含まれており、その問いに真摯に答えながら、相手との信頼関係を築き、相手にとっても、自分にとっても意味のある関係をつくりあげていくのである。

2．フィールドワークで何を理解するのか

次に、「人々とのコミュニケーション」であって、ある特定の人とのコミュニケーションではない点について考えてみよう。フィールドワークの具体的場面においては、特定のAさんやBさんとの関わりが重要な意味をもってくる。そして、その人間関係は、フィールドワーク期間中をこえて存続することもある。それだけ、Aさん、Bさんとの人間関係は重要であるといえる。

しかしながら、フィールドワークの目的が、単にAさん、Bさんに対する個人的理解である場合は、一部の心理学的研究を除けば、ほとんどないといえよう。これは、Aさん、Bさんに対する個人的理解が不必要だということを意味するのではなく、いうならば、個人に対する理解のためには、特定の個人とのつきあいだけではその理解も不十分となり、他の人々とのつきあいが必要である、ということになる。

　なぜならば、Aさんはある社会で生活をしており、また、特定の時代を生きている人なのであり、孤立無援の生活を続けている人ではないからである。Aさん個人を理解するにしても、Aさんの生活している社会と、その社会の歴史について理解しなければ、Aさんについての理解も十分にはできないことになるといえる。また、この社会に生きている人々は、言語、慣習、その他の文化も共有している。Aさんの社会生活を考える場合、この共有されている文化についての理解も必要となる。なぜならば、Aさん個人の個性として理解できるのか、あるいは特定の社会で共有されている文化として理解できるのかは、双方についての基本的理解がその前提にあるからである。以上によって初めて、Aさんの個性についての理解も可能となるといえる。

　実は、学問的なフィールドワークは、通常、特定のAさんへの理解をその目的にしているわけではない。しかしながら、特定のAさんについての理解も可能になるのが、このフィールドワークだといえる。フィールドワークの目的は、特定の社会、文化、歴史についての理解を深めることにある。そのためには、特定のAさんとの関わりだけでなく、それ以外の人々との関わりも必要となる。これがなければ、どこまでが個人のレヴェルをこえた社会のレヴェルのことであり、あるいは共有されている文化であり、社会全体の歴史の産物であるのかどうかがわからなくなる。

　今日の日本では、何か事件が起きると、大抵の場合、特定の個人に焦点がおかれ、何かにつけて、特定個人が主語になることが少なくない。しかしながら、特定の個人の総体が社会ではなく、社会レヴェルのことと個人レヴェルのことは、形式的に分けて考える必要がある。例えば、デュルケームの書いた古典、『自殺論』を読むと、個人的な出来事であると思われている自殺

も、どのような宗教観念を共有しているかということと関わっており、社会や文化のレヴェルで考察が必要であることがわかる。

実際のところ、特定個人の個性とは何かを考えるためには、単に個人のことを知るだけでは十分とはいえないのである。社会、文化、歴史についての十分な知識と理解が必要であり、そこで初めて個性の意味が理解できるといえる。

次に、「それらの人々への理解を深めると同時に、自分に対する理解も深める活動」とは、特定の社会や文化、それに歴史についての理解を深めていくことで、自分とは直接関係のない「他者」についての認識が得られるが、実は、他者理解の過程においては、「自分と関係のない他人」についての知識と理解を深めるためには、その認識をもとうとする自分自身についての理解が必要になるのである。

以上について考えるためには、言語がわかりやすい事例を提供できよう。日本語を母語とする人々にとって、外国語の発音はかなり難しいといえよう。もちろん、ハワイ語などの太平洋言語であれば、それほどの発音上の難しさはないかもしれないが、そのような言語の数の方がずっと少ない。例えば、日本語はすべて母音で終わるので、「マクドナルド」は、「Makudonarudo」となり、本来の「Macdonald」とは似ても似つかぬ発音となる。しかしながら、日本語を母語とする人々は、それについてあまり気づくことはないだろう。なぜならば、自分の言語が、他の言語と比べるとどのような特徴があるかについて考えていないからである。

自分が他の人について考える場合、あることがらがその人にとってどんな意味があるのかを考える必要があるが、そのためには自分がどのような考え方をしているのかについてある程度自覚的でなければならないといえる。もし、それを怠れば、「Macdonald」も「Makudonarudo」も同じものとして認識している自分に気がつかなくなる。これにて、他者理解には自己理解が不可分に関わっていることが理解できよう。つまり、フィールドワークの過程においては、自分と相手との違いの認識を得るという、比較の観点が必要となり、方法としての比較の契機はここにあるのである。さらに、この例でわ

かるように、このような違いには、自分独特の考え方によっている場合もあるが、特定の時代における特定の社会で共有されている文化が働いているといえる。

　自分の方からだけしか物事を見ない人にとっては、他者がどのように見、どのように感じているかについて知ろうと努力することは、それだけでも、自己中心性の克服につながり、「相手の立場で感じ、考える」訓練になるだろう。しかしながら、これだけで、フィールドワークができるのではない。

3．「観」の目で見る

　これまでの説明ですでにお気づきの読者もいらっしゃるかもしれないが、他者について考えるにしても、自己について考えるにしても、「その人の立場では」、「自分の立場では」ばかり考えていては、われわれの認識の客観性は何も必要とされなくなってしまう。ここにおいては、相手の立場や自分の立場をこえる見方が要請されているといえる。これは、日本語では一般的に、「観」とよばれる認識方法である。

　誤解を避けるために、最初にことわっておくが、「観」とは、自分とは関係ない人々について、高みにたったレヴェルで眺める方法ではない。いわば、「高みの見物」としての眺めるという態度には、自らの認識を深めるという積極的意味がないといえる。眺めるだけならば、誰でもできることであり、フィールドワークなどと名乗る必要もないだろう。また、ここにおいては、眺める人の責任も問われることはない。

　眺めることとは異なり、観るとは、自分自身がそこで関わっていて、相手のレヴェルで考えることもできて、しかも、その状況について客観的に把握できることを指す。例えば、自分がＡさんと関わっている場面であるとしよう。そこで関わっているのはまぎれもなく、自分自身である。Ａさんとの関わりは、自分の生活上、必要な関係であり、より良い関係が築けなければ、自らの生活上の問題が生じる可能性もあるとする。このような状況設定のなかでは、まずは、自分のこと、そして自分にとってのＡさんの存在が重要に

図1

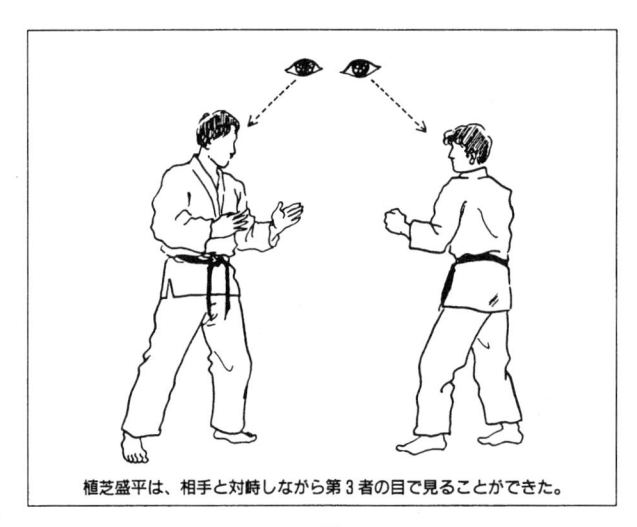

植芝盛平は、相手と対峙しながら第3者の目で見ることができた。

新垣清 2000『沖縄武道空手の極意』福昌堂、p.153

なってくる。ところが、これだけでは、実際上Aさんにとってのaさん自身、Aさんにとっての自分については考えることができないし、それに基づいた対応もできない。そこで、Aさんの立場で考えることを志向し、それについてある程度のことができるようになったとしよう。これを達成したうえで、自分自身とAさんとの関係のあり様を、その場に即しながら、客観的に観ることが、ここでいう観の方法である。

武道における心法としての観についての説明は以下のとおりである。

「囲碁で岡目八目と言う。この岡とは傍と同じように、利害の関係のない第三者だと理解すればよい。すなわち当事者同士より、傍で観ている人間の方が、勝負が見えやすいと言うたとえだ。武道の極意とは、この岡になることだ。すなわち対峙する『我と彼』ではなく、ふたりの人間が闘っているときに第三者の目でふたりの『仮想の重心』を見極め、そして的確に技を出せることが武道としての極意である。これでも分かるように、究極の合気とは相手と気を合わせるのではなく、宇宙と気を

合わせ宇宙自体になるという意味なのだ。わたしが植芝盛平という人間のすごさを感じるのは、彼の残したことばのなかに、この宇宙の目を持って、対峙する自分と彼のふたりの人間を第三者の目で観た言葉が数多くあるからだ」。(新垣清 2000『沖縄武道空手の極意』福昌堂、pp.152-153)。

　観の立場に立てば、Aさんについてのみならず自分自身が気づかなかった自分自身および自分とAさんとの関係のあり様が見えてくる。しかも、眺めることと異なり、その場面の主人公のひとりが自分自身でもあり、常に「自分自身がそこに関わっている」ことから、離れることはない。これは、人との関わりに自分がそれなりの責任をもつというように言い換えることもできるであろう。なぜならば、すべてを他人事として処理することは、自分がそこに関わっていないからできることであり、関わっていることにはそれなりの責任が伴うといえるからである。つまり、その場における自分自身の人間としての責任と倫理が、観の前提にはあるといえる。引用の文章の例でいえば、自分と相手が闘っている場面では、一瞬の気のゆるみは、自らの死を意味する。相手と対峙している現実から離れることなく、観の目で状況を観る必要があるといえるのである。

　ここまでの記述でおわかりのように、フィールドワークとは人との関わり方の方法であり、それに基づいた認識の方法であるといえる。ところが、このようなフィールドワークとは異なる「フィールドワーク」もある。この「フィールドワーク」のなかで、一般的に知られていると考えられるのは、端的にいえば、人と人との関わりをモノとして認識し、人の生活をモノの次元で考えるのがもうひとつのフィールドワークといえよう。実は、このようなフィールドワークの方が一般的にはなじみがあり、自然観察のための野外活動や、現地視察などは、このような方法をとっている。

　このようなフィールドワークは、その方法が自然科学に基づいており、上記の人文・社会科学の方法とは異なり、認識方法が数量に還元できるものになっている。もちろん、特定の人文・社会科学の分野そのものが自然科学の方法に基づく場合は、この方法を取ることになるので、この点においては注

意が必要であろう。この方法のメリットのひとつは、観察結果を数量化するので、どこでフィールドワークをおこなおうと、普遍的なレヴェルで比較ができ、数量的レヴェルでの客観性が保証されていることにあるといえる。

　人間の営みには自然界の法則で知ることのできる面もあれば、また動物レヴェルで考えられることもあるので、自然科学の方法によるフィールドワークでしかできないこともある。しかしながら、自然科学の方法ではとらえられない人間の営みもあると考えられるので、そして、われわれの社会生活は、自然科学の法則ですべてが理解できるとはいえないので、これと人文・社会科学におけるフィールドワークの方法とは、区別する必要がある（巻末「フィールドワーク関連文献紹介」参照）。

2章　フィールドワークの方法

1. 原点の人類学者マリノフスキー

　この節では、これまで開発されてきたフィールドワークの基本的方法を概観し、その方法についての理解を深めたい。

　今日では、フィールドワークという言葉はかなり広まっているが、もともとは、ポーランド出身で、イギリスで当時の民族学を修め、後に文化人類学者になったマリノフスキーが確立した文化人類学の基本的調査技法であった。よって、マリノフスキー以前は、その方法と実践においてフィールドワークは一般化していなかった。

　マリノフスキー以前の民族学（今日では文化人類学）は、人類進化の図式や文化伝播の歴史にとらわれており、現地の状況を現地の次元で認識するという考え方は研究者にも共有されていなかった。しかしながら、イギリスにおいては、このような恣意的な研究に疑問がもたれ始め、フィールドワークの必要性が認識されるようになり、マリノフスキーの先生であったリヴァーズによって、ある程度の方向性が定められたが、後にマリノフスキーがおこなったようなフィールドワークを実践するところまでには至らなかった。

　このような経緯からマリノフスキーによるフィールドワークの実践が展開することになった。マリノフスキーによれば、文化人類学は科学でなければならず、フィールドワークに基づく民族誌（エスノグラフィー）を作成しなければならないという。また、

　　　「民族誌学の野外調査の第一の根本的な理想は、社会構造の明瞭で確実な輪郭を描き、すべての文化現象に関し、見当ちがいな解釈を排して、法則と規則性を確立することである。　—中略—　民族誌的調査をする

人は、平凡で、単純で、日常的なものと、奇妙で普通でないものとの間に差別をもうけず、対象としての部族文化のあらゆる面にみられる現象を真剣に、健全な態度で、そのすべてにわたって研究する必要がある。と同時に、部族文化の全領域を、調査をしつくさなければならない。一つ一つの面にみられる一貫性や、法、秩序は、それらを一つの統一的全体にまとめあげることに役立つ。宗教だけを、あるいは技術、あるいは社会組織だけを研究しようとする民族誌学者は、調査のために人工的に切りとった領域を研究しているわけで、仕事をするうえに大変な制約を受けることになるだろう」。（**B. マリノフスキー／泉靖一訳 1967『西太平洋の遠洋航海者』**（世界の名著59、中央公論社）、pp.78-79）

という。

この当時の「科学」とは、ニュートン力学に基づいた物理学がそのモデルであり、研究は科学的でなければ、その説得性をもつことは困難であった。その文脈で読めば、日本語の抄訳では省略されている様々なモノ（現地の人々が作っていた生活必要品など）についての詳細な記述が本書には見られることも理解できよう。自然科学的方法がこの記述と分析には鮮明に見て取れる。

しかしながら、この著作全体で追求されているフィールドワークの方法は、今日的に考えると、とても自然科学的とはいえないと考えられる。まず、自然科学の実験であれば、特定の条件を整えれば、誰が、どこでやろうとも同じ実験ができるのであり、そこには反復性が保証されている。ところが、フィールドワークは、ある特定のフィールドワーカーが、ある特定の人々と、ある特定の時に、ある特定の関わりをもつことで成立しており、反復などは事実上あり得ない。

当時のマリノフスキーが対峙していた、人類学上の論敵は、自分で集めてきたフィールドデータなどは全くなく、宣教師などの書いた文献と自分自身の恣意だけが頼りの、「安楽椅子の人類学者」であった。これに対する批判としては、フィールドワークを遂行し、フィールドデータに基づく分析をす

● **文化人類学**

　文化人類学という言葉は日本では一部おなじみになっているかもしれないが、その中身について説明してくださいと言われると、躊躇してしまう人の方が多いかもしれない。アメリカでは高校の授業科目にもあり、Cultural Anthropology あるいは、単にAnthropology といえば、知らない人などほとんどいないぐらいで、日本とはかなり事情が違っている。実のところ、日本の中学校、高校では、地理の科目の内容の一部が文化人類学の学問内容と重なっている。文化人類学は、広義では人間理解のための学問であり、特に、文化的、社会的、歴史的背景の異なっている人々についての理解を深めながら、自己理解も深めていくための学問である。普遍的な人間について考えながら、個別の文化、社会、歴史の違いについて認識を深めるための学問であると言い換えることもできよう。

　文化人類学という呼称はアメリカで一般化したが、同じ英語圏であるイギリスでは社会人類学という言い方が一般的であった。欧米の場合、国家ごとに学問のあり方、呼び方が異なっていたことがこのことに関わっているが、今日では、アメリカでの用法が一般化しており、日本においてもアメリカの用法が使われている。今から30年前までの文化人類学といえば、「未開社会」に単身入り込み、そこでの生活を何年も続け、フィールドワークをおこなう学問であると思われていたが、今では、近代化の影響のない社会などほとんどないという認識が一般化したことも関係して、発展途上国の諸社会のみならず、ヨーロッパ、アメリカ、日本等を含めた近代化された社会もその研究対象になっている。

　文化人類学はその歴史的背景から考えると、「無文字社会」における、「部族」などのミクロな小共同体の文化、社会を調査して、それを記述・分析してきたので、その調査法であるフィールドワークに特色があると見られてきたといえよう。もちろん、このことは隣接諸学問との関連でいえば、そのとおりであるといえるが、ミクロレヴェルだけの研究では、今日のグローバリゼーションの時代の要請にはこたえられないと考えられ、マクロ研究も含めた全体的アプローチが必要になってきている（コラム「歴史」参照）。

　今日の文化人類学においては、全体的アプローチによるフィールドワークに基づく記述を民族誌（エスノグラフィー）とよび、これによって複数の文化・社会を比較研究する学問を民族学と呼んでいる。つまり、アメリカの用法では、民族学は文化人類学の下位領域ということになる。また、自然科学的方法によって人間の骨などの形質、最近ではDNAに基づく人間の身体についての研究等をするのが自然人類学であって、アメリカでは広義の人類学は、文化人類学と自然人類学、そして考古学に分けられる。

　本文において、われわれが国際化のなかで、どのような認識と実践を獲得したらいいかなどについても論じているが、文化人類学では、これは応用人類学とよばれる分野で行われている。応用人類学とは、文化人類学の基礎研究を基にして、より良い社会、より良い人間関係づくりのためにその成果を応用する分野を指す。アメリカなどでは、コミュニティ計画、都市計画などの際には、必ずといっていいほど、文化人類学の専門家が入り、応用人類学的観点から政策のための提言をおこなっている。

る「科学的」人類学が必要であった。マリノフスキーがこだわった科学的方法については以上の意味があったと考えられる。ところが、今日的には、これは科学的であるとは考えられないのである。

　それでは、マリノフスキーのフィールドワークは今日何の意味もないのだろうか？　その答えは、「大いに意味をもっている」である。いかなる大学者といえども、時代の制約から自由であるはずはない。重要なことは、そういった時代の制約があったとしても、そして学問的な方法論の変遷があったとしても、古典とよばれる文献は、いつの時代になっても、人間理解の方法について示唆を与えるということである。

2．全体的アプローチ

　実質的に、マリノフスキーのフィールドワークの方法は、ニュートン物理学をモデルにした自然科学によっているのではなく（もちろん、モノ研究においてはその方法も使われているが）、このような自然科学の方法とは別の方法によっていると考えられる。それは、今日、解釈学とよばれる方法であり（コラム参照）、部分と全体との関係を、解釈学的連関のなかで分析していく方法であるといえる。マリノフスキーが生きていて、このような解釈を耳にしたら、「そのとおりだ」といってくれるかどうかはわからないが、少なくとも、**『西太平洋の遠洋航海者』**を読む限りにおいて、後に紹介するアメリカのフランツ・ボアズ同様に、フィールドワークの過程において、常に、全体的アプローチを志向していたことがわかる。

　全体的アプローチとは、解釈学的方法の特徴のひとつであり、人間理解のために、部分的アプローチを避け、人々の生活全体から社会、文化や歴史を理解する方法を指す。確かに、部分的なことを掘り下げれば、人の生活の重要な部分が理解できることもある。例えば、日本農村社会学（コラム「農村と漁村」「日本のフィールドワーク」「フィールドワークのタイプ」参照）が研究していたイエ、同族それに講組などの、農村における農民組織の研究や、日本民俗学（コラム「民族学」参照）が研究してきた祖先崇拝の研究などは、

● **文化とは何か**

　今日の日本で、「文化」といえば何か高級なイメージがあり、例えば、文化人といわれれば、作家、評論家、音楽家、芸術家などの、一般の人々からは遠い存在の人々だと思われているといえる。学問的なレヴェルの文化には、実はこのような高級なものといった意味はなく、人間がその歴史の中で培い、作り上げていったもの、制度、慣習、観念などの総体という意味で、通常使われる。例えば、米食することも、箸を使って食事をすることも、インドでのように指を使って食事をすることも文化であり、西洋料理をナイフとフォークを使って食することだけが文化ではない。そして、この考え方を文化相対主義とよぶ。文化には序列がないのであり、自文化と他文化とは違いがあっても優劣はないのである。

　文化の概念規定には、学者によってその立場の違いがあり、共通理解となり得る厳密な規定は、現時点においては困難であるが、文化人類学者であれば、人間だけがその文化をもっていると考えており、しかもその文化は学習可能であり、伝承可能であると考える。言い方を変えれば、学習可能でなければ文化とはいえないと考えられる。ここでの学習には直接経験だけでなく、自分自身の直接経験のないことの学習も含まれる。言語と文字によって人類は間接経験による学習を可能にしてきた。このような知恵を文化とよぶのならば、文化とは人間の観念の総体だと考えられる。何らかの観念の共有がなければ間接経験による学習は可能とならないのであり、例えば、言語はその観念のあり方を明示する文化だといえるからである。

　例えば、リンゴという言葉がある。目前にそれがあれば、それがリンゴそのものであるが、それが目前にない場合、われわれは、ある特定のモノをリンゴとよぶのではなく、リンゴという考え方なり観念によって具体的なリンゴをイメージしている。もちろん、そこにはすでにリンゴを見たことがあるという前提があり、直接経験を基にして、リンゴという観念を共有している。ところが、人類の言語はこのような直接に経験できるモノだけで成り立っているのではなく、そのものが目に見えるモノではないことが、ある特定の観念になっている場合もある。例えば、絵画といった場合、特定の絵を意味しているのではなく、絵画一般を意味しており、それは人間が描いた絵一般であって、それが見えるモノにはなっていない。このような抽象的思考、観念は、恐らくは他の動物には見られない人間だけが共有する人間たる所以であると考えられる。

これにあたる。これらの研究によって、日本農村のある側面は、確かに詳しく知ることができるし、上記の研究は、フィールドワークの手法を使って遂行されてもいる。しかしながら、これらは、研究する人の関心によって、その調査対象が限定されているのであり、対象の人々にとって重要だと思われている対象が選ばれているわけでもない。まして、前述の"観"のレヴェル

の調査などは、追求されたとはいえない。

　では、マリノフスキーの場合はどうだったのであろうか。まず、マリノフスキーのフィールドワークの実際を知るために、『西太平洋の遠洋航海者』の目次を見ることとする。フィールドワークによる民族誌（エスノグラフィー）の原点がここにある。

　実際の目次には、各章に詳細な説明も記されていて、どのような内容になっているかわかる。この目次を見ると、人間の生活全般について調査し、かつ、その中から、当事者の生活にとって重要であり、また、研究者にとっても重要だと考えられる、"クラ"と呼ばれる交換システムに分析の焦点をしぼっていっていることがわかる。クラに焦点をしぼっていったマリノフスキーの眼力は、前述の"観"に基づいているといえよう。当事者にとって、あまりにも当たり前で、空気のようなことであり、つまり、当事者の意識にはあまり形となってあらわれないが、その生活を理解するときに欠かせない考察対象がこのクラだといえる。加えて、このクラは、近代経済学とは異なる

ジェームズ・フレイザー卿による序文	12章　テワラとサナロアにて——クラの神話学
著者による序文	13章　サルボイナの浜辺にて
序章　この調査の主題、方法、射程範囲	14章　ドブにおけるクラ——交換の専門方法・用語
1章　クラ交易範囲の地域性と生活者	15章　旅の家——漁労とカロマ貝の工作
2章　トロブリアンド諸島の先住民	16章　ドブ人のシナケタへの再訪
3章　クラの諸特徴	17章　呪術とクラ
4章　カヌーと航海	18章　呪術における言葉の力——ある程度の言語学的データ
5章　ワガの儀式的建造	19章　内地のクラ
6章　カヌーの進水と儀式的訪問——トロブリアンド諸島の部族経済	20章　キリウィナとキタヴァ間の遠征航海
7章　遠洋航海の旅立ち	21章　クラの残されている分岐と枝分かれ
8章　ムワでの船団の最初の停泊	22章　クラの意味すること
9章　ピロル内海での航行	
10章　難破の物語	
11章　アンフレット諸島にて——クラの社会学	

Malinowski, B. 1984 [1922] *Argonauts of the Western Pacific*. Illinois: Waveland Press より

● **解釈学**

　2001年版の『日本大百科事典』(小学館) によれば、解釈学とは、「自然科学的認識によって代表される『説明』(外面的認識) とは区別された生あるいは人間精神の表現の把握である『理解』(内面的認識) に関わる哲学理論」としている。さらに「ディルタイはシュライエルマハーに即して解釈学を『文書に固定された生の諸表現の理解に関する技術論』と定義し、そこに歴史学、精神科学一般の基礎づけと求めた。その後、この概念の用法は拡大され、生と世界の解釈、人間一般の解釈を意味し、哲学そのものの方法となったのである」

　文化人類学の方法でこの解釈学のそれを応用していて、しかも相当の影響のあった人物としてクリフォード・ギアツがあげられる。ギアツは、「厚い記述」などの用法で知られる人類学者で、解釈学が文献解釈の方法として発展させたそれを、フィールドデータをテキストとしてとらえ、解釈学の基本的方法を文化人類学のそれに応用し、解釈人類学を主唱した (ギアツ 1987『文化の解釈学』岩波書店)。また、この文脈で英語の"interpretation" は、ドイツ語の (解釈学) Hermeneutik (この単語の英語訳には hermeneutics がある) にあたる。ギアツのこの方法は、ディルタイにさかのぼることができるが、ギアツの直接の師である社会学者のパーソンズの社会学的認識論の影響を認めることもできる。パーソンズは、ウェーバーの社会的行為論とデュルケム社会学に連なる機能主義的システム論の統合を試みた人物であった。ウェーバー的な社会行為論は、ディルタイの認識論を基礎にして構成されているので、ギアツはここで解釈学的認識論を学んだと考えられる。アメリカ文化人類学の祖である、フランツ・ボアズも解釈学による文化人類学の学問的基礎づけを提唱しており、アメリカ文化人類学の基本的テーゼでもある「全体的アプローチ」の基となる考え方はこの解釈学によっている。さらに、イギリスの人類学者、エヴァンズ・プリチャードもこの解釈学の影響を受けており、人類学を自然科学とは異なる方法で基礎づけることを提唱した。

経済についての見方を提供してくれる。つまり、交換すること自体が目的であるクラには、功利主義的発想は適用できないのであり、人間の経済活動とは何かについての根本的課題に、クラ研究は貢献できたといえる。

　生活全体を概観しつつ、生業、宗教、その他の詳細の項目 (部分) を調査していき、そのテーマに焦点をしぼっていったのがこの研究だといえる。さらに、一見してこの目次に反映を見ることが難しいこととして、マリノフスキーがトロブリアンド諸島の本格的フィールドワークをするまで、付近の島々の短期調査や、それらの島々についての文献調査もしていたことも付け加えなければならない。ある特定の島を研究するためには、その周りの島々

との関係について考えなければならないとマリノフスキーは考えていたといえる。実際のところ、この考え方は、島々の間でクラ交換がおこなわれているという事実にも見ることができる。ここにおいても、マリノフスキーのフィールドワークが全体的アプローチに基づいていたことを確認できる。

文化人類学における全体的アプローチは、イギリスのマリノフスキーのみならず、同時代のアメリカのボアズによっても提唱されている。ただし、ボアズの場合は、マリノフスキーのフィールドワークに匹敵するフィールドワークを実践したとはいえない。文化人類学の方法として全体的アプローチを提唱し、それが、その弟子たち、およびその後のアメリカ文化人類学者の基本的方法になっていったことが重要だと考えられる。しかしながら、アメリカ文化人類学において、現地の言語を習得し、現地語で比較的自由にフィールドワークを遂行する人類学者が登場するようになったのは、ボアズの弟子の弟子の世代、つまり、一部の例外を除けば、基本的には1950年代以降だといえるので、マリノフスキーレヴェルのフィールドワークの実践までにはかなりの時間を要したことになる。ただ、マリノフスキーにおいては理論的には説明されていなかった解釈学による全体的アプローチの意義づけがボアズによってなされていることは確認するべきであろう。

3.「語られる側」と「語る側」

自然科学とは異なる方法で、人間理解の実践的方法をフィールドワークの実践で展開してくれたマリノフスキーであるが、そして、その貢献は古典としての位置づけからはずされることはありえないといえるが、前述の"観"に基づくフィールドワークと決定的に異なる考え方がマリノフスキーにはあった。それは、人類学者は、当事者である現地人が自分自身について考えられないこと、言葉で表現できないことを、それらの人々の著者として、その文化について表現できるという考え方である。一般的には著者としての人類学者、あるいはフィールドワーカーという考え方としてとらえられる、この考え方には、フィールドワーカーが当事者よりも高みに立ち、当事者を第二

●フィールドワークとジャーナリズム

　ある新聞記者が私にこう言った。「先生のやっていらっしゃるようなフィールドワークを本来は、私たちもやらなくてはいけないんですよね」。現場の生の声を大切にしたいのならば、文化人類学的フィールドワークをジャーナリストもするべきだろう。ただし、当事者の考え方、感覚まで理解しようとするのならば、1、2回のインタビューでは、ほとんど不可能に違いない。理解を深めるためにはそれなりの時間が必要だからである。

　ところが、ノンフィクションライターのなかには、並みの文化人類学者以上のフィールドワークを行っている者もいる。私は、こういったレベルの高いノンフィクションライターとも付き合い、これらの人々からもいろいろと学んでいる。これらの人々のなかで、例えば、吉田敏浩のこれまでの仕事には学び以上の尊敬の念を私はもっている。大宅壮一ノンフィクション賞（1995年）を受賞した『森の回廊』（日本放送出版協会）とその後の一連のビルマでの取材を題材にした諸作品は、現地での経験とデータに基づいた一級のエスノグラフィーといえるだろう。吉田氏から直接話しを聞いたところ、ビルマに入国する前に、イギリス人類学者のエドモンド・リーチの『高地ビルマの政治体系』を原書で読み、そしてそのコピーをフィールドにいるときも携帯し、絶えず参照していたという。彼の場合、ビルマのゲリラたちと生活をともにしながら、現地語を4、5言語マスターし、戦闘状況についての取材だけでなく、現地の人々の日常生活まで記録し、それを著作に著した。つまり、フィールドワークの基本的考え方や手法については文化人類学のそれを本から学び、通常人ができないような状況でフィールドワークを続けたのである。

　佐藤郁哉は、ジャーナリストの業績について、アメリカにおけるジャーナリストと人類学者・社会学者との関係に触れ、日本のジャーナリストの主要業績に触れたあと、次のように書いている。

>　「これらの本は、日本のフィールドワーカーにとって非常に貴重な文献です。というのも、日本の場合には、社会学者や人類学者の書いた方法論や技法に関する文献の中で、実際にフィールドワークを行おうとする時に参考にできるようなものがきわめて少ないからです。また、これまであげてきたルポルタージュを読むこと自体、これからフィールドワークをはじめようとする人々には大いにすすめられることです。なぜならば、調査のやり方や調査報告のまとめ方のコツをつかむ上で最良の方法の一つは、まず他人の書いた良質の民族誌やそれに類する作品を読んでみることだからです」。（佐藤郁哉　1992『フィールドワーク』新曜社、p.62）

　ここに書かれていることに偽りはないといえる。しかしながら、日本においては佐藤のように一級のジャーナリストやノンフィクションライターの仕事を評価する学者の方が、その数が少ないといえ、これらの人々からの学びを実践している人はそれほどいないと考えられる。今後は、相互の学びの実践が待たれるといえよう。

者として眺める態度が含まれているといえる。

　人権の考え方が一般化している今日、調べられる人々の人権を無視してフィールドワークは遂行できない。もちろん、「それではできないから、別の方法で何とかする」というのでは、フィールドワークにおける倫理については、単なるご都合主義でこたえるということになり、これでは学問的に問題であるといえる。学問的営為には、その学問において倫理が確立していなければならないからである。いうなれば、「文句をいわれるからしない」のではなく、「正しくないのでしない」の方が正統だといえる。昔日は、「正しくないこと」をおこなっても咎められることがなかったが、今日では咎められてしまう。しかし、重要なことは、咎められようが、咎められることがなかろうが、自らの学問的理念と倫理に照らし合わせて、為すべきことを為すのがフィールドワーカーのやるべきことであると考えられる。

　観の立場に立つフィールドワークであるのならば、フィールドワークの活動そのものを現地の人々とのコミュニケーションの手段として活用することがあげられると考える。これは、前述のフィールドの人々との対等なやりとりのあり方でも論じられたことでもあり、フィールドワークの過程での基本的理念としてとらえられる。これについては、フィールドワーク遂行後の、そのデータの取り扱いにも同様のことがいえる。もちろん、フィールドデータは学問的な目的のためにも使われるのであるが、以下に引用することが、考え方とそれに基づいた手続きにおいて必要だと考えられる。

　　「研究者の言説は一般的に直接的に届いてこないが、専門家の見解として社会的な認知を受け、マスコミに間接的な影響力をもつ。私見では、他者批判の前提には自己批判がなければならないので、自らを省みるのと同時に、研究者として様々な人々からの批判に答えなければならない。私の場合、このような研究者としての倫理に基づいて、十年以上前から調査・研究内容を地元の人に公表してきた。研究対象としての『語られる側』と研究者としての『語る側』のカテゴリーを無意味化する一抹の努力はしてきたつもりであるが、それでも不十分な点は多々あるかもし

● 民族学

　戦後の日本において、文化人類学の大立者であった石田英一郎と岡正雄は、ふたりとも戦前ドイツ＝オーストリアで民族学を修めた者であった。当時のヨーロッパ大陸においては、民族学という用法が一般的であって、しかも、アングロ・サクソン系の比較民族学（当時のヨーロッパ大陸からみたアメリカの文化人類学とイギリスの社会人類学を指す）と異なり、歴史的に民族がどのように形成されてきたかを研究する歴史民族学がその学問の主流であった。

　戦後日本においては、ヨーロッパ大陸的民族学を志向する学者もいたし、イギリス、アメリカの社会人類学、文化人類学志向の学者もいたが、民族学という呼称が先に広まっていたという関係もあり、また、研究のリーダーが、ヨーロッパ大陸的民族学志向が強かったことも関係し、長らく、学問呼称は実質的に不問に付され、「民族学とは文化人類学である」、「文化人類学はアメリカの用法で民族学はヨーロッパ大陸の用法だ」等とされてきた。ところが、一般の人々は、学問の内実をほとんど知らされないままに、さまざまな学問呼称が使われてきたために、文化人類学についての理解がより難しくなったと考えられる。2004年度からは、これまでの「日本民族学会」から、「日本文化人類学会」に学会名称が変更されて、一般の人々に対して文化人類学が広まるための基礎がつくられたといえる。今後は、文化人類学という用法が一般化し、民族学はアメリカにおける用法が主流になるとみられる（コラム「文化人類学」参照）。

　民族学と同じ発音に民俗学がある。後者は、柳田国男がその学問的基礎づけをおこなった、一国民俗学の傾向が強かったが、近年では、柳田民俗学への批判もあって、民俗学の方法論構築過程にあるとみることもできる。また、民俗学は英語ではFolkloreであり、もともとはヨーロッパにおいて、民話、神話などの研究をおこなってきた学問である。

れない。この本も恐らく日本定住コリアンの一部に読まれるであろうから、この本の出版は私にとって新たなコミュニケーションネットが広がることを意味する」。　（原尻英樹　1997『日本定住コリアンの日常と生活——文化人類学的アプローチ』明石書店、p.23）

　研究内容を地元に還元することで、自らの研究データの確認も可能となり、また、データに基づく分析への批判に答えることで、地元の人々との新たな関係も築くことが可能になると考えられる。

4．現代日本のフィールドワーク方法論

　この節では、これまで日本語で書かれた代表的文献におけるフィールドワークの方法を紹介する。紹介する文献は、日本語でその著作を書き、フィールドワークを実践してきた人の著作に限定することにする。なぜならば、日本の教育現場においてフィールドワーク教育に実際に携わることのできる人は、自らのフィールドワークについて、そしてフィールドワークの方法と技法について、日本語で表現できる人に限られるからである。外国の文献は参考にはなっても、これらは現代日本の社会や文化についての配慮が十分にとれるとは限らないからでもある。もちろん、日本語でフィールドワークについての著作を出版した人々も外国の研究に影響を受けているのであるが、重要なことは、それを自らの研究に応用し、現代日本でも通用するように創意・工夫している点であるといえる。例えば、筆者の"観"という概念もこの一例であり、これまでのフィールドワークについての考え方を踏まえ、日本文化における用語を使いながら、現代の日本的文脈でのフィールドワークとは何かについて考えているのである。この点は、フィールドワークとは何かを理解するためには、まず、その原点であるマリノフスキーについて知り、考えなければならないことと異なると考えられる。

　日本において、マリノフスキーの業績紹介、翻訳などは戦前から始められていたが、フィールドワークそのものを取り上げたものは、これまでその数が限られており、フィールドワークの手法と方法、そしてその考え方について体系的に論じたものはほとんどなかった。こういった現状であったが、1992年に、**佐藤郁哉『フィールドワーク──書を持って街へ出よう』**が、日本語による初めてのフィールドワークの手法、方法、そしてその考え方についての入門書として出版された。著者は、シカゴ大学の社会学で博士号を取得した人物である。シカゴ大学の社会学は、古くは1920年代から30年代において都市研究の一環でフィールドワークに基づく調査を行ったことで有名であり、80年代には、その伝統の再評価が行われ、一種のフィールドワーク・ルネッサンスの時代に、佐藤郁哉は、フィールドワークに基づく博士

● 日本のフィールドワーク

　フィールドワークという言葉のもつ語感やニュアンスからは、野外活動や自然観察が連想されることがままある。実際、小中高の総合学習でフィールドワークが取り上げられるときには、野外活動、自然観察、探検などの代替語として、しばしば使われている。また、書斎での研究活動との対比として学校以外の場所＝フィールドで何かをおこなうという意味で用いられることもある。これには、例えば、学外にある古文書を探しに行くことや、いわゆるマン・ウォッチング（人間観察）なども含めることは可能である。このような広義のフィールドワークもそれ自体の意味があり、また教育的な意味もあると考えられるが、本文にもあるように文科系のフィールドワークならば、文化人類学の基本的手法としてのそれであると考える必要がある。少なくとも、日本においては本格的フィールドワークを調査・研究の基本的手法として定着させてきたのは文化人類学の研究者たちであるからである。

　戦前は民族学あるいは土俗学とよばれた学問は、今日流にいえば文化人類学ということになり、鳥居龍蔵などがフィールドワークの先駆者だといえる。また、京都大学の探検隊（部）を中心としてフィールドワークがおこなわれ、これは戦後も引き継がれ、生態研究も含めた理科系・文科系の専攻領域の垣根をこえたフィールド共同研究がその特色だといえよう。この系統の人々のなかでは、川喜田二郎がKJ法というフィールド調査の手法で有名になり、フィールドワーク論の先鞭をつけたといえる。もちろん、戦後の文化人類学者であれば、フィールドワークをやって当然だったのであるから、KJ法ほど有名にならなかったにしても、フィールドワークの実践という点においては、地道にそれを展開した。

　ただし、学問の方法論も踏まえた体系的なフィールドワーク論は、本文でも論じているように、シカゴ大学大学院で博士論文（社会学）を書き上げた佐藤郁哉の『フィールドワーク』まで待たなければならなかったと考えられる。社会学のシカゴ学派には、フィールドワークを重視してきた歴史があるが、佐藤が記述したように、日本の社会学にはそのような系統は形成されなかった。

　「戦前期の①考現学、②『下層社会』研究、③農村社会学という三つの流れは、そのそれぞれが方法論的な自覚をともなうフィールドワークへと結実する豊かな可能性をもっていた。しかし、戦後日本の社会学は諸般の事情により一種の『歴史的健忘症』に陥り、これらの可能性を生かせないままにサーベイ中心の社会調査へと傾斜していった。これについては、佐藤健二「都市社会学の社会史」倉沢進・町村敬志編 1992『都市社会学のフロンティア』所収、日本評論社。同『社会調査史』近刊、参照。また、一方では、経験的調査とは無縁のままに、文献研究や理論研究がおこなわれている」（佐藤郁哉 1992『フィールドワーク』新曜社、p.27）

　つまり、日本の場合は、本格的なフィールドワークの教育を文化人類学者が受けてきたのであった。

論文を著した。『フィールドワーク』は、著者自らが学習した内容を中心として、そして自らのフィールドワークも踏まえたフィールドワーク入門書であるといえる。しかしながら、日本の社会学においては、著者のような体系的なフィールドワーク論を含めた方法論に基づく研究をし、その内容を出版した研究者は、これまでいなかったといえよう（コラム「日本のフィールドワーク」、「フィールドワークのタイプ」参照）。

つまり、『フィールドワーク』の内容を日本的文脈で考えると、フィールドワークをその調査の基本的手法として使ってきた文化人類学の方が、この本のフィールドワークについての議論に関連するといえる。もちろん、アメリカの文脈であれば、フィールドワークに代表される質的調査、定性調査は、文化人類学のみならず、社会学、心理学、歴史学、それに政治学その他の人文・社会科学で一般的であるし、しかも、各々の学問領域は重なり合っており、お互いの研究方法が互いに影響を及ぼしているので、特定の学問領域だけがフィールドワークと関わっているとはいえない。『フィールドワーク』においてはこのアメリカの文脈が関わっており、フィールドワークの紹介が社会学のシカゴ学派に限定されておらず、当然のことながら、前述のマリノフスキーや他の文化人類学者についても論じている。

『フィールドワーク』では、フィールドワークとは何か、フィールドワークの目的とは何か、フィールドワークによって何がどのようにわかるかについてわかりやすく解説したうえで、フィールドワークにおける小道具についても紹介している。フィールドワークとは何かについて考える際には、サーベイと称せられる統計調査との違いについて書かれており、一般的な調査についてのイメージとは異なる営為がフィールドワークであるということを実例に基づいて説明している。さらに、調査のあるべき姿として多元的方法の意義をうたっている。

以上に加えて、フィールドの人々が遂行面での知（何かができる）にはたけているが、批評的な知（それについて理解し説明する）は、おうおうにして不十分であり、フィールドワーカーは、前者のみならず、後者についても身につけていくことを目指すとしている。後者を身につけるとは、筆者の表

● **社会とは何か**

　今の日本においては、国家と社会とはほぼ同義語のように思われているようだが、概念上両者は厳密に区別されなければならない。今日の社会学の基礎を築いた社会学者のひとりである、エミール・デュルケームによれば、近代社会がそこの人間のためにより良く機能するために近代国家がつくられたのであり、国家は人間が結びついている社会のためにあるのであって、その逆ではないとしている。つまり、社会とは個々の人間が目にできるモノではなく、われわれが認識できるのは、社会的事実であって、その事実は、われわれの生活を規定しているのである。

　以上の考え方は、今日の社会学の分野ではマクロ社会学とよばれる領域でのそれであり、ミクロ社会学においては、社会とは構築されていくものであり（構築主義）、その社会についてのイメージは個人レヴェルでも構築されると考えられている。現在の日本の社会学の研究においてはマクロ社会学の発想が希薄になりつつあり、個人レヴェルでの物語の構築や、個人を中心とした人間関係の研究などの方が盛んである。これらの人々がフィールドワークを遂行する場合、ミクロ次元についての考察が主になると考えられる。極端にいえば、マクロなレヴェルにおける社会、文化、歴史という枠組みは必要ではないと認識される場合さえあるといえる。

　しかしながら、本文にあるように、フィールドワークとそれに基づくわれわれの認識対象が目に見える次元だけのものとなると、人間研究の全体的アプローチを否定することにもなり、「木を見て、森を観ない」という事態になりかねないと考えられる。もちろん、ミクロアプローチでしか見えないことやわからないこともあるのであって、マクロ万能という考え方は妥当だとは考えられないが、マクロとミクロとの接合についての方法を模索する必要があるのではないだろうか。

　本文中の社会の概念は、マクロレヴェルのそれであり、これまでのマクロ社会学や社会人類学の考え方がその土台にある。

現では、「第三者の視点」の獲得となる。また、研究者の研究倫理については、(1)フィールドワーク中に自分の言動が現地の人々の生活に与える影響、(2)調査・研究成果の出版物の与える影響、この二つを指摘し、特に後者の問題の克服のためには、その研究成果としての出版物の内容を、出版前に現地の人々にチェックしてもらい、現地の人々との議論が必要であるという提案をしている。ただし、批評的な知と研究倫理との関係については明確に説明されているとはいえない。佐藤の見解と私のフィールドワークについての見方、考え方を比較してみると面白いであろう。

　佐藤郁哉は、『フィールドワーク』に続いて、2002年に続編である『フィ

ールドワークの技法』（新曜社）を出版した。『フィールドワーク』以後、単著でこの著作と同様のレヴェルでフィールドワークとは何かについて論じた著作は、管見の限り、翻訳物を除けば、この著作以外なかったのであり、対抗馬が現れないところで、10年後に、続編出版となったといえる。この続編は、「どのようにしてフィールドワークをおこなえばいいか」についての著作である。『フィールドワークの技法』では、自分自身のフィールドワーク経験をふまえ、フィールドワークのハウツーについて具体的に論じている。ただし、いわゆる「技法」のみの著作かというとそうではなく、第1部が方法篇、第2部が技法篇となっており、第1部においては、自らの調査・研究を中心とした具体的な事例をひきながら、フィールドワークの方法（つまり、単なる「やり方」ではなく、フィールドワークの前提になっている普遍的レヴェルの学問的方法とそれに基づいた研究方法）を論じている。

1999年には、**箕浦康子編『フィールドワークの技法と実際――マイクロ・エスノグラフィー入門』**（ミネルヴァ書房）が出版された。本書は、東京大学教育学部におけるフィールドワークに関する講義の内容と、その講義に参加した学生等のフィールドワーク・レポートで構成されている。つまり、フィールドワーク論一般については、箕浦氏の単著になっている本であるといえる。副題にあるように、フィールドワークといっても、ここで取り上げられているのは、マイクロ・エスノグラフィーであり、これは「限定されたフィールドでの人間行動の観察研究」を意味している。つまり、フィールドにおける基本的スキルは、観察と面接が中心であり、それによってどのような意味を抽出し、いかにしてエスノグラフィーを書くかということに関心が向けられる。

『フィールドワークの技法と実際』でも言及されているが、調査・研究上のこれらの方策は、実験室における観察とは異なる設定、つまり、外部からの人為的環境設定がされていない「ナチュラル・セッティング」を観察するという違いに基づいている。つまり、マイクロ・エスノグラフィーの記述・分析の対極には実験心理学等の外部からの変数制御に基づく研究が位置づけられていると考えられる。

● 歴史とは何か

　通常、「歴史」といわれると、文献に書かれてある過去の出来事だと単純に考えてしまう傾向があると思われる。しかしながら、学問的に歴史を考えれば、過去の歴史的出来事がすべて文献に載っているということはあり得ないことであり、文書、文献に残された資料だけが過去そのものではないはずである。いうならば、歴史とは歴史を解釈する人々が、もちろんそれらの人々の思考にも歴史性が刻印されていると考えられるが、ある特定の歴史観をもって歴史を解釈することによって歴史になると考えられる。このように考えれば、フィールドデータの解釈のあり方と歴史資料の解釈のあり方には相通じる面があるといえる。

　また、文献だけが歴史資料であるとする立場は、今日の歴史研究一般においてはそれほど説得力のあるそれであるとは考えられない。まず、文献史学のみが歴史研究をおこなっているのではなく、歴史研究一般といった場合、口承の民衆の歴史について考察する民俗学はもとより、文化人類学やその他の人文社会科学の各領域はそれぞれ歴史研究をおこなっている。ただ、民俗学や文化人類学で実際に取り扱う歴史は、いわば、特定の場所に限定された特定の時代になることがままあり、マクロな歴史についての認識については、やはりこれまでの歴史学の研究蓄積の方がより多いといえる。

　私は、以上のことも念頭に置いて、文化人類学研究のあり方について、以下のような総合的アプローチが必要であると書いている。

　「(1)フィールドワーク中の人類学者の反省的自己理解、(2)『目に見えない』歴史過程についての知識獲得と歴史的視角、(3)自明の『モノ』としての『文化』、『社会』ではなく、表象としてこれらをとらえる認識、(4)ミクロ、マクロの両観点から関係性の全体としてデータをとらえる視角、(5)フィールドデータを現地の人々にフィードバックする手続き、(6)人間の営みを共感をもって受け入れる感受性」（原尻英樹 1998「『民族』再考」原尻編『世界の民族』放送大学教育振興会、pp.260-261）

　この著書の内容のもとになっている講義については、最後の章で、この講義に参加した他大学の教師が、本講義をフィールドとして社会心理学的記述・分析を展開している。これによれば、講義内容は、調査者の倫理の問題に抵触せずに、よりよい観察と面接を行い、その良質のデータをエスノグラフィーとして、上手に表現できるようにするにはどのようにしたらいいかの具体的方法とそれに基づく個別のアドバイスが授業中になされていたといえる。つまり、授業はマイクロ・フィールドワークの方法伝授、フィールドワーク継続中のレポート作成のためのアドバイス、でその全体が構成されていたといえよう。この授業の組み立て方とこの本において私がこれまで実践し

てきたフィールドワーク教育の内容を比較することは、フィールドワーク教育とは何かを考えるうえで、面白い事例比較になるといえよう。

　この二者以外でも、フィールドワーク論は数々出版されているが、上記二者のような単独執筆の著作と同じ質と量を兼ね備えた著作となると、それほど多いとはいえない。これに加えて、これまでの諸フィールドワーク論を検討したうえでの入門書となると、実際のところ、佐藤郁哉の著作以外見当たらないのが現状であると考えられる。

3章　私のフィールドワーク

　この章では、私自身のフィールドワークについて紹介している。フィールドワークといっても、いつ、どんな目的で、どのようなフィールドワークをおこなったのかを紹介するだけでは、フィールドワーカーの現実について理解しにくいと考えられるので、フィールドワークに向かう私自身の課題、そして私がフィールドで考えたこと、ぶちあたった問題などについても記述している。読者には、「これがフィールドワークなのか」という実感をもっていただけるだろう。

1．マイノリティ研究からの旅立ち

　卒業論文で日本定住コリアン（自らあるいは自らの祖先が、主に日本の植民地期に朝鮮半島から渡日し、現在、日本社会の一員として生活を続ける人々であり、国籍は大韓民国、朝鮮民主主義人民共和国、そして日本である人々）について書き、修士論文ではフィールドデータに基づいた日本定住コリアンの分析を試みた（卒業論文と修士論文を合わせて、1989年に『在日朝鮮人の生活世界』（弘文堂）として後に出版した。蛇足ながら付け加えると、私がハワイ大学留学中に出版したという関係もあり、本の宣伝文句まではチェックできなかった。ところが、「若き人類学者が、生れ育った筑豊の在日朝鮮人コミュニティをみっちり調査し、彼らのライフヒストリー、文化、社会、アイデンティティなど、彼らにふりかかるあらゆる問題に肉迫しつつ、日本全国で100万人ともいわれる民族集団の全貌を初めて明らかにする」となっており、私がここで生まれ育ったことになっているが、私が生まれ、育ったのは福岡県大牟田市であり、筑豊ではない。一応、両者とも北部九州にあり、しかも同じ炭鉱の街ではあったが、距離的に相当離れているだけでなく、当然のことながら、その社会構成や歴史などには違いもある。後日談では、「あれほどのことを書けるのであるから、当然、

そこで生まれ育ったものを思っていた」ということであったが、この発言を喜ぶべきかどうか、私は言葉を知らない）。

　卒業論文執筆に際しては、フィールドワークは遂行しなかったが、生活史の聞き書きなどは多少ともはおこなった。修士論文の段階になると、日本定住コリアン密集地でのフィールドワークが必要となり、筑豊においてフィールドワークをおこなった。まず、当地のコリアンとのラポール（信頼関係）を取るために、最低限の条件としてコリアンを話すことが重要であると考えた。すでに第三外国語でコリアンの学習はしていたので、これについてはある程度準備できていた。ただ、実際のところ、現地の一世は慶尚道方言を話したので、一世と話すときにはこの方言を学びながら話すことになった。日本で生活しているコリアンなのだから、日本語でコミュニケーション可能だとお考えの方もいらっしゃるかもしれないが、自らの母国語を話せる日本人であれば、こちらに対して親近感をもちやすいし、一世であれば、自らにとって話しやすい言葉で話ができるので、なおさら、関わりやすくなるといえるのである。

　しかしながら、いくら言葉ができても、日本国内においては、私はマジョリティ（支配的集団の意で、マイノリティとの関係では支配する側）の日本人であり、相手の人々は在日韓国人、朝鮮人とよばれているマイノリティ（少数集団であり、マジョリティとの関連では支配されている側）であるので、この関係枠組みのなかで、私が何を、どうできるのかを考えると、フィールドに入る前は不安で一杯であった。徒手空拳という言葉があるが、何らかの組織所属であるとか、組織による紹介とかでもなかったので、まさにこの言葉のとおりの状況に私はいた。

　このあたりの事情については、拙著1997『日本定住コリアンの日常と生活──文化人類学的アプローチ』で詳しく書いているが、手探り状態から始めたフィールドワークであったにもかかわらず、現地の日本定住コリアンの人々には大変よくしてもらった。筑豊のボタ山のふもとにあるこのコリアン集住地に生活を営むほとんどすべてのコリアンと知り合いになり、様々なことを語ってもらい、教えていただいた。数カ月の間、私が住むところまでタ

ダで貸してもらい、毎日、毎日、いろんなところに顔を出し、参加し、そして自問自答を続けた。自問自答というのは、人々のことや周りの状況をわかっていない自分自身との対話であり、当初は答えの出ない迷路のような状況を指した。この「一人ぼっち」感覚は、一種のカルチャー・ショック状態によって生じたと考えられる。これまで経験しない世界で生活し、自分の経験していない生活をしている人々と密接に関わることによって、これまでの自分の世界認識が揺らぎ、新たな地平を自ら受け入れなければならない事態になり、そこで葛藤を経験するのである。

　このカルチャー・ショックを加速化させた別の要因としては、それまでにフィールドデータに基づいた日本定住コリアンについての研究蓄積が希薄であり、何を、どのように研究したらいいかについての方針がたてにくかったことがあげられる。フィールドに入る前に、文献研究で、日本定住コリアンについてはかなり読み込んでいたし、また、方法論についてはアメリカにおける民族集団研究もある程度学習していたが、正直にいえば、制度的なこと、歴史的なことについての基礎的知識以外は、人々の実際の生活とその前提にある生活史理解のためにはあまり役に立たず、現場の声を聞けば聞くほど、自分の無力を感じざるを得なかった。

　特に、現地のインフォーマントの次の一言は私にとってトドメであった。「原尻さん、朝鮮人のことよりも、日本人のことを調べたほうがいいんじゃないの。私たちのことをいくら調べても、私たちのことはわからないと思うけど」当時のマイノリティ研究の方法論は民族集団についてのものが主流であり、今日のエスニシティ研究（コラム「民族集団論とエスニシティ」参照）のレヴェルまでにはまだ到達していなかった。しかしながら、この一言は、民族集団論だけではマイノリティの生活についての理解が十分には達成できないことを意味していたと考えられる。文化人類学の全体的アプローチを貫徹するためには、民族間関係について調査しなければならず、さらに、マジョリティの認識のあり方も調査しなければならないことがここでわかったのである。

● **民族集団論とエスニシティ**

　民族集団とは英語で ethnic group の意である。エスニシティは適切な日本語の訳語がないので、英語の ethnicity をそのまま使っている。まず、英語の ethnic であるが、これは、日本語の直訳では「民族的」となるが、日本語の「民族」には nation（国民や国家の意味もある）も含まれているので適訳とはいえないであろう。世界の「民族」状況を考えると、必ずしも同じ言語や文化を共有する人々が同じ「民族」とは思われてはいないし、歴史的に「太古の昔より同じ民族である」という語りがある場合もある。しかしながら、そもそも「民族」という考え方自体が近代になって創られたという見方もある。エスニシティとは、このような「民族」に関係する現象を一般的に表象する概念であるととらえることができる。つまり、ナショナリズム、人種主義、コロニアリズム（植民地主義）、ポスト・コロニアリズム（脱植民地主義）等の概念と関わりながら、「民族」に関係する現象を指す概念がエスニシティであるといえる。民族集団論は、広範な概念であるエスニシティに包括できる概念であるが、日本においてはある時期まで、集団化している民族、集団化する民族についての研究がエスニシティ研究であるととらえられていた。ここで、カッコをつけて「民族」と表記しなかったのは、当時は最初から個別の民族なるものが存在しているという考え方が支配的であったからである。

2．文化人類学的フィールドワークへの目覚め

　不十分な内容ではあったが、フィールドワークに基づく修士論文を提出し、2年間ほど今後の研究について考えたあと、私はハワイ大学に留学することとなり、ここで4年ほど留学生活を続け、帰国後、常勤講師の職を得て、筑豊のフィールドワークの反省を生かして、大阪市生野区の済州島人密集地でのフィールドワークを始めることになった。

　フィールドワークを始めた直後、驚いたことが二つあった。一つは、ハワイ留学前には、日本国内のマイノリティに関するフィールドワークを行うということは、かなり珍しいケースだったのであるが、「外国人労働者」の増加に伴い、日本国内のマイノリティ研究に関心が向けられるようになり、生野区では卒業論文作成のための学生がしょっちゅう往来していたし、その他でも、「フィールドワーク」と称して、現地視察することがはやり始めていた。このようなごったがえしのなかの一人が私であった。

　あとひとつは、生野区在住の済州島出身一世のおばあさんの話がさっぱり

写真1　生野民族文化祭
　　　　（2003年の第20回で終了）

理解できなかったことであった。こちらのコリアンは通じたが、相手の済州島方言はチンプンカンプンであった。済州島方言は半島部の言葉とは随分違うとは聞いていたが、これほど違うとは知らなかった。しかも、筑豊では二世世代の年齢の人々が、ここ生野ではどうも一世らしく、かなり日本語がなまっていた。筑豊でのフィールド経験は一応白紙に戻し、ゼロから始めないとこのフィールドでは何も学べなくなると私は考えた。

　ここでの研究テーマは民族関係であり、子ども間の民族関係を特にフォーカスにすることにした。子どもが大人になる過程で、日本という国民国家、地域社会、学校という枠組みで作られていった民族間関係の図式が内面化していくことがこの研究の焦点であった（この研究成果は、1997年度に九州大学に博士論文として提出された。また、この博士論文は日本定住コリアン経営の新幹社によって2005年に『マイノリティの教育人類学』と題して出版された）。昔日の民族集団研究から、このようなエスニシティ研究の一環として生野区でのフィールドワークは始まった。

　フィールドワーク開始から、様々な団体への挨拶、知り合いの紹介による訪問、なじみの飲み屋や喫茶店での雑談、公立小学校への挨拶と教職員とのコンタクトとり、などなど、毎年、夏休みを中心にフィールドワークを続けたが、とにかく、つかみどころのない場所に思えた生野区でのフィールドワークがある程度軌道に乗り始めたのは、開始後4年ぐらい経ってからであった。この間、路地裏で子どもが遊べるか、遊べなければどこで遊ぶのか、ま

地図1　極東アジアと北部九州の島々

た、地元の郷土史の文献調査、地元の日本人へのインタビューなども続けた。この過程で、まずはできることから調べ始めるのが大切であって、できないことを夢想してもフィールドワークにはならないことを体でわかることができた。

　当時、「とらえどころのない場所」だと思えたのは、ここ生野区の住民でなければ、理屈を越えた体感でしかわかりえないことがかなりあったからだと考えられる。そのひとつに、日本定住コリアン渡航史があげられる。済州島出身者の渡航は、戦後から1965年の日韓条約まで密航という形で続けられ、その後旅行ビザなどで継続された。ここには、戦後日本における労働者対策が反映されており、通常、日本は高度経済成長期に外国人労働者を受け入れなかったことにされているが、実際は、済州島からの人々はこの労働力として使われた。「刑事から直接聞きましたわ。あんたらがどこで何やってんのか知ってるけど、悪いことせえへんかったら、捕まえんとね」このようなことは、済州島人密集地でなければ、わからない話であり、戦後日本社会についての基本的イメージが壊れなければ、生野の状況は理解できないといえる。

　また、済州島出身者は、出身のムラとそこに住む家族、親戚、それにムラビトとの紐帯をもっており、日本に住む済州島人と済州島の済州島人は歴史

的にネットワークを形成してきた。いわば、ポスト近代に発展したかのようにいわれているグローバル・コミュニティは、済州島人の場合、日本の植民地時代から今日まで継続している。筑豊に住む慶尚道、全羅道(チョルラドウ)出身者の場合、一世であっても本国のムラの人々との関係はほとんどなかった。済州島人と半島部出身のコリアンとは基本的生活の方法が異なっているといえる。

　以上の済州島人の生活形態と、生野区の戦前からの歴史（簡単に表現すれば、地域社会における権力関係の形成過程）が関わると、日本人と韓国人あるいは朝鮮人との線引きが明確化され、子どもが大人になるにつれ、その線引きが刻印されていくのである。このように、生野区でのフィールドワークを遂行していくなかで、文化人類学の全体的アプローチに目覚め、ミクロとマクロの文化、社会、国家、歴史の各々の連関について考察することになった。

3．アメリカのマイノリティ研究へ

　ハワイ大学留学時には、主に夏休みを利用して、コリアン・アメリカンの調査を行っていた。ただし、ハワイ大学に提出した博士論文は宮沢賢治の宇宙観、世界観研究であって（The Force of Strangers: Construction and Deconstruction of Japanese National Identity. Ph. D. Dissertation, Department of Political Science, University of Hawaii. 1993年）、ハワイのコリアン・アメリカン研究は、放送大学在職時のロサンジェルスを中心としたコリアンタウン在住コリアン・アメリカン研究とつなげて、その研究成果は2000年に『コリアンタウンの民族誌――ハワイ・LA・生野』（筑摩書房）と題して出版した。

　生野でのフィールドワークと並行して、ロサンジェルスのコリアンタウンでのフィールドワークを、毎年2,3カ月現地滞在し、約5年間続けた。この間、都市による違いについて認識するために、ニューヨーク、シカゴでのフィールドワークもおこなった。実質的に日本での研究方法をアメリカのマイノリティ研究に応用し、先の拙著においては、両者の比較を試みた。日本

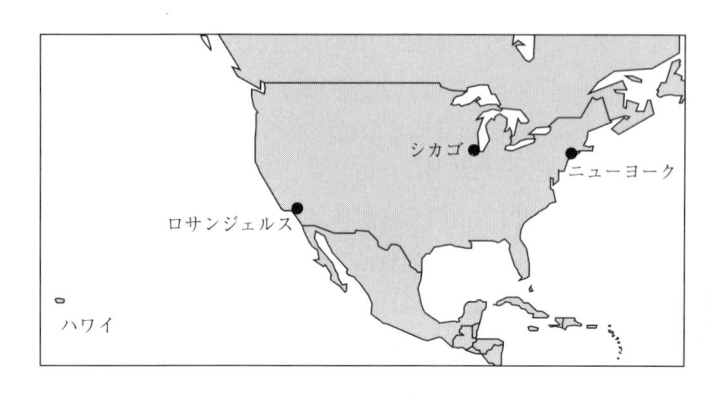

地図2
アメリカの
コリアンタウン

（シカゴ、ニューヨーク、ロサンジェルス、ハワイ）

と比べるとアメリカにおいては、マイノリティであることを表に出すのであって、日本でのように、生活の局面、局面で顔を作り変える必要はないので（つまり、あるときには金田さん、あるときには金さんなどにならなくても生活が普通に可能であるので）、アメリカでのフィールドは日本と比べればやりやすかった。

　ハワイにおいてはまずルームメイトをコリアンの移民や留学生になってもらったり、コリアンの教会に通ったり、あるいはコリアン移民に日本語を教えたりしながら、これらの人々の生活世界への接近を試みた。これらの試みのなかでは、夏休み中のコリアン・バーでのアルバイトをすることで、ハワイのアンダーグランドを垣間見ることになった。これには、新着移民の女性が水商売や売春をすることで、何とか社会的に上昇しようとすることが関わっており、コリアン・バーの次に流行りだしたベトナム・バーでも同様のことが続けられていることがわかった。しかしながら、夜から未明までの、しかも酒場での仕事は体に相当こたえた。

　ロサンジェルスでは大学に通う必要はなかったので、コリアンの下宿に滞在し、移民生活を自分自身も体験することができた。2食付きで1カ月500ドル程度であり、私にとっては廉価な滞在先であったが、下宿の中はアメリカに渡ったコリアンの汗と涙と嘘で満ちていたといえよう。私がこれまでフィールドワークをするときは、現地の人々と同じものを食べ、同じ空気のもとで生活し、ほとんど24時間体制で人々とつきあってきた。筑豊滞在中は、

写真2
ロサンジェルスの
コリアンタウン

写真3
ニューヨークの
コリアンタウン

一軒家をタダで貸してもらったが、後にも先にもこのようなプライベート空間があるフィールドワークはこれだけであった。ロサンジェルスでは、自分の部屋があったのであるが、一軒家を複数の人間がシェアーしていたので、それほどのプライバシーが守れるはずもなかった。生野では、元警察署の留置場を改造してつくられたアパートにもいたことがあるが、値段が安い関係で、ここにはコリアン・ニューカマーがかなりの数、同居していたし、また、鶴橋の市場のなかにあったので、生野の人々の空気を共有することができたのである。このアパートをある大学院生に紹介したところ、「こんなところにいたんですか。よく住めましたね」といっていた。トイレ共用で、廊下を誰かが歩くと、部屋の中まで振動が伝わって揺れるそんなアパートだった。

さて、ロサンジェルスのコリアン下宿であるが、下宿のなかは小さな韓国

であり、テレビ番組もコリアン放送が主であった。この下宿の延長がコリアンタウンであり、ここでは英語を話す必要はまったくなかった。また、韓国からの研究者やコリアン・アメリカンの研究者がこのような下宿で滞在していたという話はこれまで聞いたことがない。私が、シカゴのコリアンタウンで、あるコリアン・アメリカンの教授と会う約束をして、コリアンの白タク（不法タクシー）を呼んだところ、大変驚いていた。これは、コリアンタウンのコリアンであればほとんど誰でも利用している交通機関であるが、外部の人は知らないということを意味していたと考えられる。次に、タクシー運転手と下宿探しの話を始めたところ、なおさら驚き、下宿があること自体を知らなかった。コリアン下宿はコリアンタウンのコリアンならば知らない人はいない、新着移民の生活の拠点だといえるのであるが。

　私はフィールドワークでコリアンタウンにいたので、他のコリアン・アメリカンのように金のために働く必要はなかった。毎日の下宿生活を通して、話を聞き、いろいろな活動や遊びに参加していくだけで、かなり多くのことが学べた。日本であれば私はマジョリティの一員であるが、ここはアメリカであり、コリアンがマイノリティならば、ジャパニーズもマイノリティである。もちろん、過去の植民地支配についてのこだわりをもっている人もいるが、英樹一個人としてつきあえば、そんなことは二の次になっていくのが常であった。

　さて、アメリカのコリアンタウンでの研究のテーマは、日本においてと同様に、民族間関係であり、具体的には、コリアンタウン内外に居住している、ヒスパニック系、黒人、ユダヤ系の人々とコリアンがどのように関わっているかであった。また、子ども同士がどのように関わっているのかについてが、ひとつの焦点でもあった。よって、生野と同様に、コリアンタウン内の公立小学校、数校を対象にして、参与観察もおこなった。短期間で社会的上昇を達成しようとするコリアンは、子どもがより良い社会的地位を獲得できるように、ヒスパニック系や黒人とのつきあいを快く思っておらず、金ができたら、郊外の日系、中国系、そして白人系のミドルクラスの人々がより多く住む場所に移ろうとしていたし、実際、このコリアンタウンから郊外への過程

は、一般化していた。これは、生野区から隣の東大阪に引っ越す程度の引越しの方が一般的である済州島人の生活形態とは随分と異なるといえる。生野区の済州島人にとって、社会上昇が子どもの医学部入学か、弁護士になるかという、ハードルとしてはかなり高い設定であったことは、このような生活形態の違いをある程度説明できるといえる。

　ロサンジェルス、ニューヨーク、シカゴのコリアンタウンは、治安の悪さを除けば、私にとってはフィールドワークをやりやすい場所であった。この研究から、2003年、2004年にはロサンジェルスのコリアンタウン在住中国朝鮮族（中国国籍をもったコリアン系の人々）の調査を行い、グローバリゼーションの進行に伴い、住む場所は別々でも、ネットワーク・コミュニティを形成している人々の研究に発展させている。この研究の関係で、中国語はまったくできなかったにもかかわらず、北京のコリアン集住地、中国朝鮮族自治州である延辺も訪問した。もちろん、韓国在住の中国朝鮮族（統計上では20万人以上になる）も訪問した。また、関東在住中国朝鮮族の調査を現在おこなってもいる。

4．「伝統社会」再考のフィールドへ

　在日済州島人研究のためには、前述のようにこれらの人々は済州島の出身のムラとの関係があるので、必然的に済州島でのフィールドワークをおこなうことになった。当初は、日本に渡った人口のより多い村々から調査に入った。これらの研究成果は前述の著作以外でも、いくつもの論文で発表しているし、また、放送大学の放送授業の一環としてテレビ番組も制作した。このフィールドワークで気づいたことであるが、在日済州島人は、植民地時代から戦後の記憶がいわば化石化していると考えられるが、済州島在住の人々は、いかにつらい過去があっても、それはすべて「昔の話」になっているという違いがあった。前者と後者の違いについては、前者は今でも日本国内で差別にさらされた生活を一部強いられているが、後者は、たとえ多少貧しくとも、そのような差別にはさらされていないという違いが見て取れる。もちろん、

写真4
済州島の海女

差別があったとしても経済的には貧しい島よりも日本の方がビジネスチャンスがあったので渡日したのであるが、いくら経済的に成功しても日本人とは対等、平等には扱われないという理不尽さは、心に傷を残すと考えられる。

　在日済州島人研究のためには、済州島研究のみならず、済州島出身の海女が出稼ぎで潜った場所にも行って、そこでの生活のあり様についても知らなければならないと考えたので、そして実際、昔日海女をやっていた女性たちの話を理解するためには、彼女たちの足跡をたどる必要もあったので、彼女たちの話に出てくる対馬や五島などの島々、および、その海域の沿岸に、まずは、「見てやろう、聞いてやろう」の一種野次馬根性で、あちこち、ウロチョロすることを試みた。これには、済州島および日本の研究仲間も参加した。このウロチョロのおかげで、済州島出身の海女の活動の実際を現地で確認することができた。

　そして、この過程のなかで、私は、済州島から北部九州の島嶼部を含む海域の人々の比較研究を思いついた。これは、現代の人々の生活そのものではなく、古くは中世の倭寇に見られるように、この海域の人々はこの海でつながっていたのではないかという発想に基づいていた。まずは思いつきであったが、五島列島の小値賀島、宇久島、それに壱岐島、対馬島などを毎年のように訪問し、どのようなことを調べれば比較の学問的価値があるかを考えた。これを考えるうえで、文化人類学の全体的アプローチは大変役に立った。

　例えば、壱岐島では海岸部を浦とよび、内陸部を在とよんでいる。私は、

写真5
壱岐島、勝本浦の弥勒堂で読経する老女たち

　度重なる訪問を通して、主に浦のムラムラを周り、浦の全体的共通性とムラごとの違いについて考えた。もちろん、これまでに活字化された先行研究や郷土史なども丹念に読み、数週間の滞在を何度も繰り返した。この時点では、まだ、本格的フィールドワークの糸口もつかんでいなかったが、壱岐島も済州島と同様にムラごとに方言が異なっており、浦の自立性に気づかされた。そこで、江戸時代に鯨組があり、壱岐島のなかでは例外的に漁業一本で生活することをよしとする勝本浦を本格的に調べてみようと考えた。なぜならば、勝本浦は他の浦に比べてこの自立性の度合いがより高いと考えられたからである。

　次に、1960年代ぐらいまでの勝本浦の権力構造について調べることにした。なぜならば、権力構造を調べることで、人間関係の図式がわかり、それによって、ムラビトのアイデンティティの構成が理解できると考えたからであった。このフィールドワークには、他大学の大学院生も参加して、1カ月間を予定とした。勝本浦には、今では形骸化してしまったが、ユウシカ（有志家、有資家）とよばれた人々と一般の漁師が生活してきた。この両者は、同じムラに生活していてもまったく別世界の人であると認識されており、ムラの権力構造を知るためのキーワードになっていた。私としては、このユウシカがどのような姻戚関係で結びついているかの調査を、時間をかけてやろうと考えていた。

　ところが、幸運にも、フィールドワークの最初の2、3日でこの計画は成

就することになった。この姻戚関係の系図を作成したユウシカがいたからである。このコピーをとらせていただいて当初の目的は達成ということになった。それから、いつものウロチョロを勝本浦で続けていると、朝からお堂にお参りしている女性が目に付いた。このお堂に実際に行ってみて、そしてそこにいた女性たちに話を聞くと、毎日のようにお堂にお参りをしていることがわかった。「共同体での宗教は人間関係の要になる」というテーゼが私の脳裏をよぎった。次に述べるように、よし、まずはお堂について調べてみようということになった。

同行の学生たちには、ここではお堂が何らかの役割をしているように考えられる、今回のフィールドワークは、もちろん、全体的アプローチも遂行するが、このお堂に焦点をあててみようと提案した。すると、それは面白いということになったのである。そして、偶然にも翌朝、民宿を近くのおばあさんが訪ね、民宿の女主人を、近くの地蔵堂のお祭りに行こうと誘った（民宿といっても、料理はわれわれがつくり、民宿の女主人であるおばあさんの分まで準備することで宿泊費を安くしてもらった。つまり、自分たちでまかないをする、共同間借りであった）。民宿の女主人に「お堂の祭りは、ダイジのごたっですね？」と聞くと、「毎週のようにナンカのお祭りのありますと」と返答した。ここの人々、特に女性は、お堂を中心としたカミガミに囲まれ、そして感謝して生活していることが徐々にわかってきた。お堂だけでも旧来のムラ（行政単位ではなく、地元の人々の考える基本的生活圏で、場所によっては十数メートルの幅のところもある）にいくつもあるし、それに神社やお稲荷さん、その他のカミガミを入れれば、ムラのなかは「カミサンだらけ」になってしまう。参考のために書いておくが、これまで、以上の発想で現地のお堂についてのフィールドワークを行った人は誰もいないのであり、試行錯誤の結果、やっとこのスタンスが準備されたといえる。例えば、壱岐の勝本浦といえば、聖母宮が有名であって、ある研究者にいわせれば、お堂よりもこの神社の方が現地の人々にとって重要だという見解まであるくらいである。

壱岐島でのフィールドデータは、ある学生が卒論で使い、日本文化人類学

会でも発表したが、私自身はまだ活字化していない。私としては、済州島のムラの堂（dang と読み、ムラの巫俗信仰の中心になっている）を含めた、壱岐島と済州島の宗教観念の比較についての論文を書く予定にしている。付け加えれば、壱岐島での調査の翌々年に五島列島の小値賀島と宇久島でも同様のフィールドワークをおこない、壱岐島とこれらの島々は宗教観念のレヴェルにおいては構造的に類似していることがわかった。

第Ⅱ部
実践・フィールドワーク教育

フィールドワーク教育とは何か

　第Ⅱ部と第Ⅲ部の4章から9章までは、拙著「フィールドワーク教育の実践とその教育的効果――コミュニケーション能力育成を中心にして」（静岡大学人文学部『人文論集』第56号の1）に基づいている。現在の大学状況等について理解してもらうために、内容については、なるべく変更せずに、一部の付け加えを除いて、そのまま提供することにした。また、フィールドワークの成果として、付録に学生のレポートも一部掲載している。これによって、私が論じている内容がどのように具体的に反映しているかを理解できるであろう。

　最近になって、フィールドワークという言葉は広く使われるようになった。ところが、この言葉の意味が確定されているのかといえば、一般的にはそうではないといえよう。一般的には、単なる聞き書きや現地視察までフィールドワークという言葉で表現されており、この言葉がもともとは学術用語であるという見方はあまりされているとはいえない。

　前述のように、学問の方法としてのフィールドワークを、その方法と実践、両面において確立したマリノフスキーは、その著『西太平洋の遠洋航海者』（1922）で、それまで、曖昧にされていたフィールドワークとは何かについて、その実践も踏まえたうえで、以下のように説明した。この内容自体はマリノフスキーの師であるリヴァーズの見解によっているが、重要なことは、これらがマリノフスキーによって実践され、その後の文化人類学のフィールドワークの原型になったことであると考えられる。

(1)　現地に生活し、その土地に住む人々との言語を可能な限り習得し、現地の生活感覚で考えられるようになること、言い換えれば、現地の人々の視点でものをみられるようになること。
(2)　具体的な証拠資料による統計的な資料作成と具体的な文化項目の把握。
(3)　行動類型の把握。
(4)　住民が自発的に発言した言葉、意見、見解の記述。
(5)　現地の人々に極力影響を与えないようにするためひとりでフィールドに入って行き、現地の人々の生活の全体的把握をすること。

　つまり、フィールドワークとは、異文化理解の方法であり、これによって、生活する人々の世界に入り、そこで、人々の文化を学習しながら、それらの他者を理解していく過程であるといえる。この過程は、言語がまったく通じない

社会への参加である場合、通常、最低でも数年はかかるのであり、現地視察や聞き書きと、このフィールドワークはその目的と時間のかけ方においてかなりの違いがみられる。フィールドワーカーは、まずは、当地の人々が常識的に知っていることを修得し、そこにおける礼儀作法やマナーをある程度マスターできていなければならない。このことによって、現地の人々とのコミュニケーションが可能になるからである。

　フィールドワークの学問的な意味は以上のようになるが、フィールドワーク教育を考える場合、学問的なフィールドワークそのものを教育することは大変困難であり、学問的な意味を踏まえたうえで、フィールドワーク教育について考える必要があると考えられる。

　第Ⅱ部の4章から7章では、2001年度に筆者が静岡大学人文学部に赴任して以来、4年間にわたって実践してきたフィールドワーク教育の具体的内容をもとにして、フィールドワーク教育の教育的意味について考察する。先に論じたように、フィールドワークそのものの学問的な意味と、フィールドワーク教育とは一応分けて考える必要があると考えられる。なぜならば、文化人類学の専門的研究者養成のためのフィールドワーク教育と、学部専門課程におけるそれ、そして初期導入教育におけるそれは、その教育目的が異なっており、必然的にその意味が異なるといえるからである。

　まず、学部専門課程におけるフィールドワーク教育の目的は、文化人類学という学問を専攻するにあたり、自分の問題関心にそってひとりでフィールドワークを遂行できるだけの能力を身につけるためにあるといえる。つまり、フィールドワーク教育を受けることで、自分自身がフィールドワーカーとしての実力を身につけられるようにならなければいけないといえる。そのためには、学生が文化人類学についての体系的知識と考え方をまず修得しておかなければならない。考え方もわからずに、「フィールドワーク」をいくら体験しても、これらはすべて経験レヴェルでしか意味をもたないからである。

　次に、基礎教育あるいは初期導入教育におけるフィールドワークの教育目的には、専門教育のそれと異なり、フィールドワークという経験を通して、人と人との関わり方の技法を学び、他者理解と自己理解の相互の関係の中で両者についての認識を深めることや、現場の声を聞くことの大切さを学ぶことなどがあげられる。つまり、一種のフィールドワーク活動による教育効果をねらったものが、この教育目的になるといえる。また、この教育目的は、一部の人にとってみると「常識的なこと」、「当たり前のこと」に映るかもしれない。しかしながら、現在の日本における教育体制のなかにおいては、受験・暗記勉強が重視され、コミュニケーション能力、他者との共感能力は低下せざるを得ないの

● フィールドワークのタイプ

　現代のフィールドワークの対象を類別すると、①農・漁村に代表されるいわゆる「伝統社会」、②都市社会、③都市を中心とした小集団、④集団成員の生活の場が分散しているグローバル・コミュニティ、に大別されよう。私自身の具体的なフィールドワーク経験でいえば、①は韓国の済州島、日本の五島列島、壱岐島等の東シナ海域の島嶼部、②は筑豊の日本定住コリアン密集地、大阪市生野区の済州島人密集地、ハワイ、ロサンジェルス、ニューヨーク、シカゴのコリアンタウン、③では、大阪市生野区の公立小学校（主に、定住コリアンと日本人の子供との関係についての調査）、④は、中国朝鮮族のネットワーク・コミュニティ（ロサンジェルスおよび東京のコリアンタウン在住の中国朝鮮族）などになる。通常、ひとりの文化人類学者がこのように複数の異なったタイプのフィールドを長期間調査することは稀である。例えば、本文中の佐藤郁哉の場合は、③の暴走族集団や演劇集団等を調査対象としている。

　これら四者について調査する場合は、当然その手法が異なるといえる。特に、③の場合は、特定の場所がその成員で絶えず共有されているわけではないので（例えば、暴走族のほとんどの成員が特定の場所で共同生活を営むことはないだろう）、他の三者と比べると、フィールドワークの内容がジャーナリストの取材とその形態が似ているといえる。私の場合、公立小学校内部の調査とともに、それが存する場所である生野区の調査もおこなっていたので、箕浦康子が主張するマイクロ・エスノグラフィーを書くにしても、絶えずマクロとの関連が重要であり、ミクロレヴェルの研究だけで自己完結させたことはない。

　実のところ、近年、社会学の領域ではマクロ研究は影を潜め、個人を中心とした人間関係あるいはそれについての個人の語り、個人の生活史等の研究が増えている。これらを上記の類別に入れなかったのは、例えば単に個人の歴史のみにフォーカスを置くだけでは、特定の個人についての研究にはなっても、社会、文化、歴史等の研究にはなりえないと考えられるからである。私自身の調査・研究例でいえば、個人の生活史を記述・分析する際に、マクロレヴェルの歴史、社会、文化との関連について考察してきた。これは、上記の類別のどれかには必ず入れられる研究になっている。これと同様に、サブ・カルチャー研究もそれ自体の分析のみであるのならば、フィールドワークの対象にはならないと私は考える。なぜならば、ここでは全体的アプローチがなされていないからである。

であるから、昔日の常識は、今日においては「意図的な学習によってやっと達成される内容」にもなっているのである。

　第Ⅱ部においては、フィールドワークとは何なのかという学問的問いについて考えながら、その教育の意味について考察するので、専門教育と初期導入教育におけるフィールドワーク教育の具体的違いについても論じる。具体的には、筆者が専門教育として民族誌（フィールドワーク）実習を実践した妻良、立岩、一色と、初期導入教育の一環として実践した大谷の四つの事例を紹介する。

4章　実践1──漁村　妻良（めら）

1．実習地の選定と準備

　2001年に静岡大学人文学部社会学科に赴任した私は、「民族誌実習」に参加することになり、これによって、初めてのフィールドワーク実習指導を経験することになった。この実習科目は、1年間の通年科目であり、フィールドワークの実習を通して、報告書という形で、学生に論文を書いてもらうことになっている、文化人類学専攻科目で最も重要な科目のひとつである。具体的なフィールドワークの過程について、以下記述する。

　まず、どこを実習地にするかについては、この実習科目ではそれまで過去3年間にわたって伊豆半島をフィールドにしていたということを考慮して、教員間で伊豆半島のいずれかの場所にしようということになった。しかしながら、具体的にどの場所にするかについての方針は決められていなかった。そこで、候補の場所を何カ所か、文献その他を参考にして教員たちが選び出し、それら各々の場所を、学生に予備調査してもらい、それに基づいて実習地を決定することになった。

　実習地を決めるにあたり、私が考えたことは、以下のことである。農村や漁村などのいわゆる「伝統社会」がフィールドワーク実習地に選ばれるには理由があり、都市社会とは異なり、社会の複雑度がそれほど高くなく（例えば、都市においては人間関係の作り方ひとつをみても、会社、学校、近隣、友人関係、その他があり、「伝統社会」と比べればより複雑であるといえる）、また、ある程度"閉ざされた"社会であるので、集中的なフィールドワークの実習として適していると考えられる。

　文化人類学のフィールドワークにおいては、(1)全体的アプローチ、(2)参与観察、(3)文献調査とインタビュー等、最低でもこれらのことがおこなわれる。

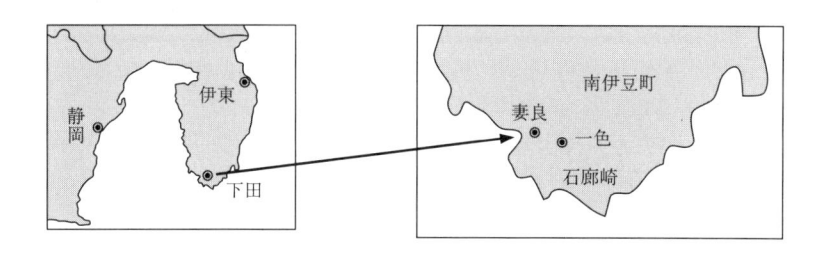

(1)の全体的アプローチとは、フィールドワーカーは、特定の事柄のみを取り上げ、それについてだけ調べるのではなく、特定の共同体に生活する人々の生活全体、そしてその生活を支える社会全体に関心を向け、そこにおける文化を様々なレヴェルで学習することを指す。

次の、(2)参与観察とは、共同体の行事や、その成員の活動等に参加して、現場の実情を、実地体験を通して学びながら、同時に観察もおこなうことを指す。しかしながら、この表現は実は矛盾を含んでおり、参与しながら、観察することは実際には不可能であり、あるときは参与を中心に、そしてあるときは観察中心に対象と関わることが参与観察になると考えられる。いずれにしても、フィールドワーカーは自らの身体を直接使いながら、現地の人々とじかに関わることが、この参与観察の前提になっている[1]。

(3)の文献調査とインタビューは、フィールドワークでなくとも、一般的な調査・研究で用いられている手法であり、現地でしか入手できない歴史文献資料や統計資料などの収集と、現地でしか会って話すことができない人々とのインタビュー（ヒアリングも含む）を、これは指している。

以上の三者を遂行するためには、フィールドワークの性格上、限られた地理的エリア、限られた数の人々、直接参与観察可能な環境条件等が必要になるといえる。つまり、フィールドワーク実習地選定の際には、これらの条件を満たす場所を探さなければならなかった。場所の選定に問題があれば、学生にとって実習における学習効果があげにくくなり、限られた日数での実習にその成果が期待できにくくなるからである。

学生の予備調査をもとにして、学生と教員との合議を経て、最終的な実習地を妻良に決定した。決定する前に、事前にある程度の資料にあたり、上記

● 農村と漁村

　農村は農業、漁村は漁業という第一次産業によって成り立っている行政村あるいは自然村の意味で用いられている。戦後高度経済成長（1955年より約20年間）によって、農村・漁村からの労働力が急激に移動し始め（1960年頃より）、農村・漁村の過疎化が進み、今日では都市から離れた大半の農村・漁村は過疎地域になっている。

　このような過疎化が進行する前に、日本農村社会学は農村についての調査をおこなった。そしてその調査はアメリカの文化人類学、イギリスの社会人類学の方法をある程度踏襲したが、ある特定の研究関心、例えば、イエ観念であるとか、講組などの課題のための調査であった。しかも、高度経済成長がある程度進行した時期においては、調査・研究がほとんど停止してしまった。日本農村社会学研究は、当時の日本の農村を研究した日本文化人類学研究と密接不可分の関係にあり、調査・研究の実質的な違いを見出すことは困難だといえる。

　フィールドワークに基づく日本国内の農村・漁村の調査・研究は、一応、文化人類学、民俗学、社会学、人文地理学等によってある程度はなされてきたが、今日ではそれほど関心をもたれているとはいえないだろう。私は、東シナ海域研究の一環で、済州島（韓国）のみならず、五島列島、壱岐島、対馬島などの漁村でフィールドワークを続けており、また、第Ⅱ部にあるようにフィールドワーク教育の関連で伊豆半島の農村・漁村での調査もおこなっている。都市生活の若者にとってこのような農村・漁村はかなり異質性のある異文化であり、また、単なるインタビューだけではそこに生活する人々への理解が難しい対象であるといえる。郷土の歴史はもちろんのこと、高度経済成長以後の日本の経済状況等についてもわかっておかなければ、現在の農村・漁村に生活する人々への理解は得ることが難しいといえるので、ここでは、文化人類学の全体的アプローチが要請されていると考えられる。

の選定条件についても個人的に検討したが、学生にはその旨伝えなかった。実習地選定の際の条件については、実習が始まってから、どのような条件について検討したかについて伝えたほうが、教育効果があがると判断したからである。実際のところ、実習地決定後、地元教育委員会への挨拶その他のため妻良を訪問して、実習地として条件が整っているかどうかについて実地で調べたが、予備調査による学生の報告内容と妻良の状況とは一部食い違っており、選定条件に合っているかどうかについての吟味は、調査開始以後でないと、学生にとっては困難であることがわかった。

　実習地が決定されてからは、実習地に関連する文献その他の収集を学生と

写真6
妻良の港

ともにおこない、文献講読を通して、学生各自の研究テーマを暫定的に決めてもらうことにした。ここで重要だと考えられることは、この時点では研究テーマが暫定的であるという点であり、文化人類学的フィールドワークにおいては、フィールドにおいて新たな発見をするのが常であって、それなしではフィールドワークの意味が逆に問われることになる。

　実習地決定後、妻良を訪問し、様々な確認等をなした。この際には、宿泊地等の手配も当然することになった。現地の人々と直接にコンタクトが取ることができ、また、現地の人々との生活の共有がある程度可能にするためには、現地の公民館での宿泊が最も条件にかなっていた。幸いにして、南伊豆町教育委員会と妻良の区長さん等のご協力もあり、公民館宿泊を認めてもらえることになった。学生は、自炊をし、買い物をし、そして現地の人々と必然的にコミュニケーションすることになる。現地の人々から見ても、観光旅行や遊びで来ていないことがわかり学生が公民館で生活をしていることがわかる。

2．現地入り後の指導

　実習前の準備が完了したのち、いよいよ現地入りとなった。現地入り前に、私が学生に伝えたのは、教員が具体的なフィールドワーク場面で、どのような行動をとるのか観察し、良いことを学ぶのではなく、良くないことを学ぶ

写真7
妻良の老人会での
インタビュー

ことが重要であるということであった。「良くないことを学ぶ」とは、「見習うべきことではないことを発見し、それとは反対のことをする」ことを指す。つまり、教員が一種の実験材料になり、反面教師として学生に使ってもらおうというのである。これは、教育者としての自分に課した注文であり、教員の具体的なフィールドワーク活動場面を通して、学生に何か学んでもらおうという教育的配慮でもあった。それから、学生に対しては、学生が実習の際に事故等を起こす可能性があるので、格安の学生保険に全員加入してもらった。

　フィールドワーク期間中は、6泊7日、毎日学生によるインタビューに同行し、学生とフィールドを共有することに努めた。話の切り出し方、自己紹介の仕方、ラポール（信頼関係）のとり方、相手への配慮の仕方、話を発展させる方法等、まずは、私が手本を示して、次に学生につなげてもらうようにした。しかしながら、学生間でのコミュニケーションさえ、まともにとられていない（というよりも何がコミュニケーションであるのかがよく理解されていない）のであり、自分たちにとっての、未知なる他者である現地の年配者と話を成立させること自体が学生にとっては実は大変な作業であった。

　現地入り前のお膳立てとして、地元の老人会等の会合を現地入り当初にしてもらうことにした等、人間関係つくりのきっかけも事前に準備した。しかし、環境整備をいかにすすめても、人間同士のつきあいであるから、生身の人間同士のつきあいを学生がどれくらいできるかどうかは、やはり具体的な

交渉の場をじかに経験することにあったと考えられる。
　毎晩、入浴後にミーティングを開き、その日のインタビュー内容、収集した情報の公開、自らのテーマについての検討等を4時間から5時間ほど続けた。もちろん、教員から質問、意見を出して、学生が考える場を作り出した。しかしながら、フィールドワーク当初、ある発表への質問と意見が出されると、その後のラリーの応酬はあまり続かないことが少なくなかった。実習が終盤に近づくにしたがって、だんだんとラリーが続くようになった。学生間、学生と教師間のコミュニケーションが活発化することと、現地の人々と学生・教師との間におけるその活発化は、有意味な関係になっていることが、ここでわかった。
　このミーティングの場は、学生間の情報交換のそれにもなり、日頃学問的なことについて学生間で論じ合うことがないので、お互いに何を知り、考えているのかをわかり合える場にもなっている。このような人工的場をつくらない限り、学問について語り合うことは学生間ではほとんどないといえよう。いわば、教師サイドから見るところの常識的なことを日頃実践していないので、フィールドワーク実習を通して、大学生として学問について語り合う機会が到来したというべきであろう。この場作りの案内役が教員ということになる。ミーティング終了後は、学生同士たむろして、何かの話をしていたが、当初は議論とよべるものではなく、愚痴の言い合いであったり、「どうしよう、どうしよう」の連呼だったりした。ミーティングでのラリーが続くようになると、自然にフィールドのことを媒介にして、学問的なコミュニケーションが取れるようになった。
　学生には、毎日、フィールド日記をつけるように指導していた。このフィールド日記は、自らの行動の記録のためだけでなく、フィールドワークを遂行するうえで、必要な手続きのひとつになるといえる。ジャーナリスト等によるインタビューやヒヤリングの場合、先方の人が語った内容そのものが重要となるが、フィールドワークにおいては、フィールドワーカーがどのような考えを持ち、どのような心的状況のときに、どのように人の話を聞いたかについて考えることが必要になるからである。いわば、前者が、自らの主観

について考えずに、「あるものをあるがまま」に聞いているという前提に立っているのに対し、後者はフィールドワーク活動の文脈と自分自身の見方、考え方を反省的にとらえることで、フィールドデータの個々の意味について考えて、フィールドワークを遂行するという違いがあると考えられる。

3. 盆踊り

　さて、これまでの学生への対応等に加えて、妻良という場所とその歴史について記述する。妻良は、現在、海岸沿いの漁村で、民宿がかなりある観光地でもあるかのように見られている。しかしながら、江戸時代は西側からの船が停泊する風待ち港であり、東側からの船の風待ち港であった下田と並び称される海運と商業の港町であった。東海道線の開通や、帆掛け舟から動力船の時代となったことで、明治以後、風待ち港としての妻良は急速に衰退していった。その後かわって、テングサ漁などの海産資源が重要となり、次いで、戦後の高度経済成長期に民宿が全盛となった。現在は、高度経済成長期以後、過疎化がすすみ、これといった主要産業はなくなっているが、一応、民宿がまだあり、修学旅行の受け入れもして、漁業などの体験学習が妻良の看板になっている。また、この付近の他の自然村と比べると、過疎化の進行はそれほどまでにはすすんでいないため、三島神社のお祭りなども毎年おこなわれている。

　学生による論文名等（報告書の目次、ページ数略）は以下にあげるとおりである。これらの論文は、各々が妻良の現在と歴史について、考える際のひとつの切り口になっているといえる。

　妻良には、他大学からの学生・研究者が過去何度も来訪しており、特に、その盆踊りが有名であるので、盆踊り研究のための来訪が続いた。しかしながら、文化人類学の全体的アプローチとこういった一点凝視型の調査とは、その方法において違いがあり、文化人類学的調査は、地元の人々の生活と歴史を理解し（他者理解）、その理解を遂行するフィールドワーカーの見方、考え方についても理解を深める（自己理解）ためにおこなうのであって、研

> 『民族誌実習報告書――静岡県南伊豆町妻良』　目次
>
> 序
> 調査地図
>
> Ⅰ　妻良の生活
> 妻良集落の生業史　　　　中嶋　俊次
> 妻良の屋号　　　　　　　横山　清志
> ムラの守りとその組織　　矢野　慎吾
> 高齢者の年齢意識　　　　谷岡　聖史
> さつまいもの変遷　　　　恵美賀寿雄
> 保存食からみた食文化　　名和　真介
> 食物のやりとりを通した人々の暮らし
> 　　　　　　　　　　　　田口　公朗
>
> Ⅱ　妻良における信仰・儀礼・芸事
> 盆行事の過程　　　　　　井谷　晋弥
> 妻良の盆踊り　　　　　　河合　洋子
>
> 妻良の祭りと芸事　　　　立山揚一朗
> 寺と人々　　　　　　　　芳賀　冬丸
> 妻良の神々を中心とした年中行事
> 　　　　　　　　　　　　村中　直樹
> 社会の変化と信仰の変化　鈴木　史記
>
> Ⅲ　妻良と外部社会
> 妻良における「ムグリ」の変遷
> 　　　　　　　　　　　　小野ちうり
> 妻良における出稼ぎ海女の受け入れ
> 　　　　　　　　　　　　鮎川みゆき
> 海におけるなわばりの文化　坂井　玲香
> 体験修学旅行にとっての妻良
> 　　　　　　　　　　　　稲葉　寛子
>
> 編集後記
>
> （平成13年度『民族誌実習報告書――静岡県南伊豆町妻良』静岡大学人文学部社会学科文化人類学研究室）

究者の世界で関心をもたれていることについての何らか（特定の学問の世界で重要なこと）を明らかにすることだけのために、調査・研究するのではない。つまり、当事者の世界を学習し、それを記述しながら、客観的なレヴェルでの分析も行うのであって、当事者の世界の学習なしに、分析だけを先行させはしないのである。当事者の世界が「盆踊り」だけで形作られていないことは自明であろう。

4．何のために調べるか

　ただ、フィールドワークによる調査には、特定の事象にフォーカスを、もちろんのこととして置かなければならない面もある。そうでなければ、学生各々の論文は書けないことになる。しかしながら、フォーカスを置く目的は、そのことを重点的に調べることによって、そこに生活する人々の全体的文脈

が、ある方法的、資料的限界のなかで浮かび上がり、当事者も気づかないレヴェルで、ひとつの理解の方法が見出せることだといえる。つまり、単に特定の事柄についての知識を増やすことや、その学問的意味のみを探究することは、以上と相容れないと考えられる。

　学生とのミーティングにおいては、「何のためにそれを調べるのか」という問いが、それこそ毎晩のように私の方から出され、学生は、「何のためにやっているのか」という学問的な問いについて敏感になっていった。そして、実はこのような問いかけについて答えられるようになるのは、フィールドワーク実習中ではなく、一応、1週間の実習を終え、学生の各々のテーマに基づいて論文を準備しだしてから、つまり、論文執筆にとりかかる夏休みを前にしてからであった。学生は、この段階になって、実習中に自分が何をやり、どのようなデータを取ってきたのか、あるいは取ってきていないのかについて自覚的になり、自らのテーマに基づいたデータを収集しようと思うようになる。これは、実習が終わってから、自分のテーマに基づいたフィールドワークが始まると言い換えることもできる。当然のことながら、自らのテーマに基づいたフィールドワークは夏休み中に個人的におこない、そこで得たデータを中心にして論文を書くことになる。また、この学生個々人によるフィールドワークは、それまでにフィールドワークについての基礎的認識を獲得し、現地における基礎的データが集まったうえでのそれであるので、2、3日間で十分であった。

5章　実践2——山村　立岩

1．実習地としての適否

　2002年度の民族誌実習においては、実習地の選定は、学生に対し、2001年度との連続性を考え、前年度の実習成果も生かせる場所がより良いと考えられるので、前年度の近隣の共同体を実習の対象にしたらどうかという提案をおこなった。全く未知の場所を、ゼロから調べるよりも、この方が学生にとっても、教師にとってもより良いと考えられ、また、学問的にいっても、複数年度の成果が隣接地域全体であれば、多角的に特定地域について考察できると考えたからである。

　フィールドワーク実習のためには、先にも論じたように、フェイス・トゥ・フェイスレヴェルでの調査が可能であり、かつ、経験的レヴェルで、共同体の全体的文脈をある程度わかることができなければならない。つまり、共同体の規模が大きすぎて、調査による直接経験が難しい場合、実習地として適切ではないことになる。しかも、ひとりの人間が、1日に会って話を聞ける人数も限られ、滞在期間も1週間であるから、この点も考えなければならない。例えば、静岡市のフィールドワークなるものは実質的に不可能であり、もし、やるとするのならば、静岡市のどの地域で、どのようなことを調べるのかをまず明らかにしておかなければならない。そして、その地区が共同体としてとらえられるかどうかについても検証が必要となる。このように都市研究は、文化人類学初心者には実習対象としては、かなり難しいといえる。

　文化人類学による集中的フィールドワークの実習地選定には、以上のような難しい面があるので、その対象を隣接した特定地域に限定することで、フィールドワークの学習のための条件を整えることが可能になる。

妻良の隣接共同体としては、同じく海岸部の隣村である小浦があり、行政区画上は現在、妻良に組み込まれていて、妻良の枝村になっている吉田（海岸部にあるが生業は農業）、そして同じく行政区画上は妻良であるが、自然村レヴェルでは、海岸の村に隣接する山村である立岩がある。

　これらの三つのうちでどれが実習地として適切であるかの検討が必要であった。小浦は、妻良とは異なり、風待ち港ではなく、江戸時代から漁村であったところである。また、現在の生業形態は妻良と似ており、観光と漁業がその中心産業だといえる。吉田は妻良の枝村とよばれており、世帯数もかなり限られた集落である。立岩は妻良と一色という農村に挟まれた山村で、世帯数は限られているが、吉田ほどその規模が小さくはない。これら三者を学生とともに検討した結果、最終的には立岩に実習地を決定した。理由としては、小浦であれば、現在の生業形態は妻良と似ているので、共同体の作り方自体にそれほどの違いはないのではないかということ、立岩は妻良の隣村でありながら、全く別の生業形態であり、妻良との関係を研究課題にすることも可能であり、そして、小浦と異なり妻良との関係がある程度あることが予想できること、さらに前年度に引き続き、現在の南伊豆町全体から前年度と今年度の成果を総合することも可能であること、吉田はあまりにも集落規模が小さすぎるので、複数の学生が実習に行くのには向いていないこと、これらがあげられた。

2．人間関係づくり

　立岩に実習地が決められてからは、前年度同様、文献資料の検討が始められた。前年と違うのは、予備調査自体は前年ほど必要とされなかったことであった。すでに、前年度において立岩についてはある程度の知識が集められていたからである。前年度の成果についての報告書のみならず、一年先輩からフィールドワークおよび報告書作成のアドバイスをもらうことになっていたので、立岩も行政的には妻良の一部であり、立岩についての情報等も2002年度の実習生は先輩から教えてもらうことができた。私の勤めている

写真8
立岩の老人会での
インタビュー

大学、学部に限られるとは思えないが、同輩間のみならず先輩・後輩間のコミュニケーションも活発とはいえないので、民族誌実習を通して、先輩・後輩間のコミュニケーションをはかり、それによって実習の教育効果をあげることができるといえる。

　教員サイドでは、前年同様、南伊豆町教育委員会への挨拶、協力依頼をおこない、立岩住民への協力も依頼し、公民館に宿泊も可能となった。入浴についても南伊豆町の温泉に無料で入れることになった。地域社会とのより良い関係づくりのためには、地道な努力が必要であることがこれによって確認された。

　フィールドワークの過程は、ほぼ前年度同様であったと考えられるが、ただ、妻良と比べても、世帯数や居住地域が限られていたので、ほぼ毎日同じ道を通い、近隣の人々の家でのインタビューをおこなった。前年同様、調査対象を全体的に直接観察可能であることが条件だったのであるから、これは調査上、より良い条件でもあった。しかしながら、逆にいえば、立岩の人々からあまりにも近い距離にわれわれがいるとも考えられたので、現地の人々との人間関係の作り方には一工夫が必要だったともいえよう。特に、大きな道路沿いに公民館が位置していたので、公民館の中が道路から丸見えの状況であった。われわれは、いわば「裸同然」であった。学生には、これは大変なストレスであっただろう。しかし、現地の人々から観察されるのもフィールドワーカーの宿命であるので、その点の学習にはなったといえよう。

写真9
1960年頃まで使われていた炭焼小屋

『民族誌実習報告書——静岡県南伊豆町立岩』　目次

まえがき
序章　立岩の位置と人々　　原尻　英樹
共同体意識の変遷　　　　　都竹　里美
　——「ヤマガ」から学校的「個人」へ——
家督相続とムラ居住　　　　黒澤　春香
　——相続優先の原理——
「親戚」概念の検討　　　　橘　　真美
　——祭を通した親戚間の交流について——
交換財としての餅の意味　　田部　夏子
理念としての祭から生活の祭への過程
　——祭の一般論への覚書——　鈴木　史記

家族制度の理念と現実　　　立山揚一朗
　——立岩の事例より——
炭焼き労働の位置付け　　　矢野　慎吾
　——都市労働への序章——
学歴社会の道程　　　　　　田邉　寿子
　——立岩における学歴志向の事例より——
過疎過程における文化の創造
　——立岩の事例より——　金子　政一

編集後記

（平成14年度『民族誌実習報告書——静岡県南伊豆町立岩』静岡大学人文学部社会学科文化人類学研究室）

　現在の立岩には主要産業といえるものはないが、もともとは炭焼きと女竹（土壁が使われていた時代には女竹が壁の土の間に入れられていた）が生業の中心であった。また、立岩にはいくばくかの畑はあるが、田は隣の一色に行かないとほとんどない。立岩と一色間では婚姻関係が成立していたので、親戚付き合いもあったが、妻良との間には婚姻関係は成立しておらず、海産物と農作物等の物々交換あるいは買い取り交換が成り立っていたのみであった。立岩の人々にとって一色は田のある良い土地であった。実際、一色の方に田を所有している人もいた。しかしながら、立岩自体は、海岸の村と農業

の村に挟まれた山村であるといえる。前ページに掲げるのは、2002年度の民族誌実習報告書の目次である。
　2001年度と2002年度の報告書を比べると、特定の共同体内部についてのみならず、隣接する共同体との関係についての考察をはかっていることがその違いといえる。年度ごとに隣接する共同体の実習を継続する意義を、ここに認めることができる。他の共同体と独立無縁に存続してきたそれは、歴史的にいって考えることはできないのであり、ひとつの共同体について考察する場合は、常に他との関係について考えなければ、文化人類学的全体的アプローチが貫徹されたとはいえないからである。一年ごとの積み重ねが、フィールドワーク実習のより良い教育効果を生み出す実績になっているといえよう。2001年同様、学生個々人による追跡調査を経て、論文執筆となった。

6章　実践3 ── 農村　一色

1．共同体としてのムラ

　前年度は私1人であったが、2003年度は私と新任の助教授1名で民族誌実習の指導をすることになった。実習地については、2001年度からの継続を考え、立岩の隣村であり、しかも立岩の人々と姻戚関係者もいる一色にすることにした。前年度の報告書でも、以上のことは調査されているので、2003年度の学生にとっては、前年度を引き継ぐことで、2002年度の先輩から様々な情報と調査上のアドバイスをもらうことができた。さらに、調査前に、2001年度、2002年度の報告書を読むことで、妻良、立岩を中心とした地域全体についての基本的知識が共有された。

　海岸部の妻良から急な坂を上って、ひたすら前進すると、高台に到着し、そこにある比較的狭い一帯が立岩である。そこから、平地を少し歩くと、いつの間にか一色に出る。しかしながら、このあたりの人々であれば、どこからどこまでが立岩で、どこからが一色かをよく知っている。一色には、南伊豆町全体からみても比較的広い田がある。そして、様々な歴史的経緯によって、この魅力的な田の一部は、立岩や吉田等、一色以外の人々に所有されてきた。吉田は海岸部の村であるが、海岸沿いには開けた平地がある。現在は、アロエなどの商品作物が栽培されているが、それまでは田であったところである。しかしながら、海に近いので、塩害の被害を受けやすく、山をひとつ越えて、歩いて2時間ほどかかる一色に田を持つことは、吉田の人々にとってその生活上必要なことでもあった。実際、吉田の人々も立岩の人々同様に、一色の人々と姻戚関係をもっている（自然村としての一色は蝶ヶ野といっしょになり、行政的には吉祥区にあるが、今でもこの両者には、もともとは別の村であったという見方が残っている）。吉田は妻良の枝村といわれても、

写真10
一色の田園

妻良の人々との姻戚関係はほとんどなかった。

　一色はこのように比較的恵まれた農村だと表現できる。恵まれたところであるがゆえに、他所の人々から田がねらわれ、そして一色内部でも土地をめぐって、地主―小作人という上下関係が作られていた。有力地主たちによる土地支配の様式は、戦後の農地改革まで続いたが、それ以後は土地所有をする人々がそれまでの地主に限られなくなった。しかしながら、この時点において土地支配が当地における社会関係を規定していたということ、つまり土地支配の意味自体は変わったとは考えられない。この意味が変わったのは、高度経済成長以後、過疎化が進み、田畑が放置され、荒れ放題に荒れていくことになってからであった。一色では、現在、荒れた田畑を散見することができる。ただ、このような状況にあっても自らが一色の人間であるというムラビト・アイデンティティは今でも維持されている。実質的な村という共同体が意味をもたなくなった今でも、人々の観念にはまだムラが存在しているのである。

2．実習を継続する効果

　次に掲げるのは、2003年度の民族誌実習の目次である。そして、その次にあるのが、私が書いた本報告書のまえがきである。

> **『民族誌実習報告書──静岡南伊豆町吉祥(一色・蝶ヶ野)』　目次**
>
> まえがき
>
> 序章　　　　　　　　　　　　谷岡　聖史
> 吉祥(一色・蝶ヶ野)の葬墓制に関する
> 考察　　　　　　　　　　　　江口　敏郎
> 「氏神」概念の歴史的変遷の検討
> 　──姫宮神社の事例を中心に──
> 　　　　　　　　　　　　　　中西　淳
> 庚申講からみた吉祥の人々の共同体意識
> 　　　　　　　　　　　　　　河合　梓
> 生業の変遷からみた労働の意味
> 　　　　　　　　　　　　　　内藤　友加
> 農山村における職人の社会的地位とその
> 意味
> 　──吉祥(一色・蝶ヶ野)の事例より──
> 　　　　　　　　　　　　　　坂本　幸治
>
> 社会教育と人間関係の関わり
> 　　　　　　　　　　　　　　橋本　竜太
> 土地所有と「共同体」のあり方
> 　──吉祥の事例より──
> 　　　　　　　　　　　　　　森　宗太郎
> イエ、ムライメージと人々の生活
> 　──イエ存続観念を中心に──
> 　　　　　　　　　　　　　　鈴木　紀子
> 過疎地域における都市的状況と
> 自己イメージの形成　　　　　谷岡　聖史
>
> 編集後記
>
> (平成15年度『民族誌実習報告書──静岡南伊豆町吉祥(一色・蝶ヶ野)』静岡大学人文学部社会学科文化人類学研究室)

　まえがき

　2001年度には妻良、2002年度は立岩、そして今年度は吉祥の調査をおこなった。これらは現在の行政区画では南伊豆町にあるが、そして海側から岡側への連続した場所でもあるが、生活形態は各々異なっている。さらに、吉祥には一色、蝶ヶ野という江戸時代のムラが合併されて行政的な一区画である吉祥になった経緯がある。

　このような活動を継続していくと、これまで語られてきた日本のムラ、神社、人間関係等が、実は時代の要請などによる「つくられたイメージ」に過ぎないことがわかってきたし、本来調査・研究すべき対象が十分には探究されてきたとはいえないこともわかってきた。さらに、文化人類学の調査の特徴である全体的アプローチによって、ムラの構造的な意味とムラの広がりがわかってきた。この場合の全体とは、歴史的には江戸時代から現代までの時代の広がりを指し、地域的には班単位の実質的なムラから人々の行き来に表象されるムラとムラとの関係を指し、また、共同調査によって、1人の調査ではカバーできない共同体の全体性も意味している。

　お読みいただければおわかりのように、各々の学生の論文は、それぞれ一本で完結しているが、その前提となっているデータは常に他学生の論文内容との関係で成り立っている。共同調査・研究の特質をうまく応用したととらえるのは、ひいきめだろうか。ただ、学生の次のステップは、個人研究で全体的アプローチを遂行し、

写真11
一色の自然村（班）ごとにあった庚申塔

写真12
一色の秋祭り

個別の問題関心を探究することであると考えられる。

　今年も南伊豆町教育委員会をはじめ、南伊豆町の行政関係の方には大変なお世話になった。どうもありがとうございます。それから、吉祥を中心とした現地の方々には並々ならぬご協力をいただいた。ありがとうございます。

　本報告書は、今年も現地の方々にお見せして、ご批判をたまわることで、現地の方々へいかばかりかの還元をしたいと考えている。できれば、忌憚のないご意見等をいただければ幸いである。

　正直なところ、2003年度の報告書に書かれた学生各自の論文には学術的にもかなりのレヴェルに達するものがあり、全般的にみても、2001年度から継続してきた隣接地域調査の成果があらわれていると考えられる。

　2003年度のフィールドワーク実習過程は、基本的にはそれまでと同じであったといえるが、ただひとつ顕著な違いがみられた。実習が始まって、2、

3日後に、ミーティング以外の、例えば料理中の台所においても、学生同士で調査についての議論等をはじめたことがそれであった。このような積極的姿勢は、2001年度、2002年度においては、実習がほぼ終わりかけてからであったので、2003年度はそれだけ学生の動機付けがより強くなったと考えられる。

　この要因のひとつとして、実習調査に行くまでの事前学習と、事前学習に必要な文献がそれまでの民族誌実習の蓄積としてあったことがあげられる。心理学でいうところのレディネスが実習前にある程度整えられており、もし、個人的にそれを十分に活用していない者がいたとしても、集団調査の過程でお互いに不足分を補うことができたと考えられる。このことは、実習後の個人調査にもあらわれており、公民館宿泊について各々のスケジュール調整をして、複数の学生が同時期に追調査をおこなった。2002年度においてもこのような態度は多少見られたが、2003年度においては実習中より個人調査にいたるまで、これが継続したのである。

7章 実践4——都市のなかのムラ　大谷

1．コミュニケーション能力の獲得

　2003年度までは3年生用の専門課程としての民族誌（フィールドワーク）実習担当であったが、2004年度においては、この年に始められた1年生用の「フィールドワーク基礎演習」を担当することになった。

　このフィールドワーク基礎演習は、フィールドワークの概念を文化人類学におけるそれよりもさらに広げ、文献調査や史跡調査なども含む、野外調査一般についての授業科目である。よって、担当の教員の専門によってその教育目的と内容が異なり、学生は自らの志向にあった専門領域の教員を選び、それに沿ったフィールドワーク教育・指導を受けることになっている。

　私の専門は文化人類学であるので、この専門に沿ったフィールドワーク教育をおこなうことにしたが、1年生用の科目であり、文化人類学の専門科目ではないので、この科目なりの教育目的が必要になった。つまり、文化人類学の専門教育を1年生用の教育に応用し、その科目なりの教育目的を設定し、その目的遂行のための教育内容にすることにした。

　2001～2003年度まで、専門教育としてのフィールドワーク実習を担当した経験から、そして、初期導入教育として、「新入生セミナー」を2年間、「文化人類学概論」を4年間担当した経験から、1年生の後学期におけるこのフィールドワーク基礎演習科目の教育目的は、実践的コミュニケーション能力の獲得とその発展にすることにした。このコミュニケーション能力には、レポートを書くことも含まれ、これは他者とのコミュニケーション一般を指している。

　昨今の学生一般にいえることであるが、おしゃべりや単純な情報交換は日常的におこなっているが、相手にすこし突っ込んだ話、例えば、人生論や学

問についての話などは避けられる傾向にある。お互いに適当な距離を置き、適当に付き合うことが「普通」とされているのである。このように学生間のコミュニケーションさえ十分にとられているとは考えられないのであるから、自分たちとは別の世界に生きている人々とのコミュニケーションをはかることには、かなりの困難が予想できる。このことは、3年生用の民族誌実習でも明らかなことであった。

　当事者の学生としては、コミュニケーション能力といわれても実感が伴わないだろうが、私としては1年前期の「文化人類学概論」で、具体的な資料を提示して、「今、企業が求めている人材は、コミュニケーション能力のある人であって、これはソフト開発能力とも関連しているとみられている。企業としてはハード面での資格などは入社後取得すればいいと考えているが、このコミュニケーション能力については最初から能力のある人だけを採用するといっている」と学生に告げた。

　恐らく、静岡大学の初期導入教育においては、このような卒業後の就職のことを念頭に入れた授業はほとんどないと考えられるが、このことを伝えておかないと、何のためのコミュニケーション能力の獲得かという疑問が学生に湧くことになるといえるので、1年前学期においてこのことも伝えた。もちろん、いくら具体的資料を提示してこのことを説明したからといって、学生全体に浸透するとは限らないが（もし、浸透をはかるつもりであるならば、すべての初期導入教育で同様のことをいわなければ、その教育効果は薄くなるだろう）、私としては、一応、このようにフィールドワーク基礎演習の教育目的の意義について学生に説明したのである。

2．テーマの決定

　私は、1年後学期でのフィールドワーク基礎演習の説明会においても、同様の説明をした。そして、具体的なプログラムとして、大学のある大谷地区において、⑴前近代の人間関係を規定していたと考えられる土着の信仰、⑵地震対策にみられる新たな人間関係づくり、これらの二つを提出した。

まず、1学期間かけてフィールドワークを継続するうえで、学生が容易にアクセスできる場所がより良いし、またこのフィールドワーク基礎演習を大学と大学のある地区との地域連携の足がかりにすることも可能になるので、大谷地区を選定した。次に、(1)のプログラムが何ゆえに提案されたかというと、大学がこの大谷地区に来るまでは、ここはもともと農業・漁業を生業とする村社会であって、高度経済成長以後に、この村社会に新興住宅街がつくられ、もともとのムラビトとよそからの人々がここに住むことになったからであった（このよそからの人々には大学関係者、学生も含まれる）。過去の大谷地区における人間関係のあり方（社会構成）は、もともとのムラの人々の原理に規定されていたと考えられるし、まだムラの人間関係が継続しているのならば、この原理を把握することで、人々のつながり方がわかると考えたからである。

　(2)の地震対策のための新たな人間関係づくりを何ゆえにプログラムに入れたかというと、地震対策のためには日頃から近隣の人々との人間関係が形成されていなければならず、これはそれまでのムラの原理とは必ずしも一致するとは限らないからである。この人間関係がなければ、最悪の場合命を失うかもしれない。また、この新たな人間関係づくりには、地震対策の一環として静岡市や静岡大学も関係するので、この研究によって前近代の人間関係とは一応切り離された形で、あらたな人間関係作りとは何かが探究できると考えられた。

　学生に対して、全体説明会と最初の個別授業において、以上について説明した。結果として、一次志望の学生と二次志望の学生を合わせて12名が私の担当になった。初回の授業では、フィールドワークの目的は当事者を理解することであり、それを遂行する過程で、自らのコミュニケーション能力を高めることもできるようになると説明した。次に、学生の希望を聞き、班分けをした。学生の希望をそのまま受け入れ、(1)宗教班、(2)地震班を各々2班ずつ作った。3年生用の民族誌実習においても、テーマが近い者同士で暫定的に班を作ったが、今回のフィールドワーク基礎演習では、班ごとのテーマを最初からある程度設定したうえで、学生に選択させた。テーマの設定から

始めるのでは、なかなかそのテーマが決まらないと考えられたからである。

3．調査から論文作成

しかしながら、教員によるお膳立てはここまでにして、学生に対し、「宗教班の人たちは、大谷地区に住んでいる人であれば自宅から200メートルぐらいの範囲、大谷に住んでいない人であるならば、特定のポイントから同じく200メートルぐらいの範囲に、神社、祠、墓、庚申塔、宗教に関係するモノならばなんでも構いませんから、どのようなモノがあるか詳しく調べて、次回報告してください」「地震班の人は、まず町内会や大学の地震対策部局等を各々調べて、次回報告してください。地震班は、フォーマルな組織に関係する人々からあたる必要があります」と告げた。200メートルも歩けば、宗教に関係するモノがあることは予め調べておいたし、地震関係については町内会、静岡市、大学、それぞれ何らかの対策をとろうとしていることも知っていたので、学生の動機付けを高めるために、個々人で独自に現場に当たってもらうことにした。

次の授業およびその次の授業までに、大方の情報を報告してもらい、四つの班のテーマを暫定的に決定し、この授業科目の全体会で各々発表ということになった。学生からの情報を整理するためには、どのような学問的テーマが可能であるかを、学生の思いつきや日常的発想から引き出し、それに基づいて複数のテーマ設定が可能であることを告げたうえで、どのテーマにするのかを考えてもらった。その結果、宗教班は、(1)庚申講、(2)不動明王、の二つに、そして地震班は、(1)これまでの地震対策と人間関係、(2)これからの地震対策とこれからの人間関係づくり、の二つになった。

全体会での発表が終わってからは、各々のテーマに基づいて関係者のアポイントメント取りや集会、会合等の開催情報について、各々の班で手分けして集めてもらい、毎回の授業は、1週間集めた情報とデータについての発表会になった。この過程で、アポイントメントの取れたインフォーマント（話者）のところに学生と同行し、フィールドワークの技について体験できるよ

●エチケットとマナー

「フィールドワークに来てください、ここで話を聞いてください」などという依頼を受けてわれわれは通常フィールドワークをやっているわけではない。しかしながら、「私たちは、話を聞きに来てやったんだ」、「フィールドワークだから、ちゃんと話をしてもらわないと困る」、「学問をやっているんだから、協力して当たり前」などと、平然と語るフィールドワーカーが時折いる。

例えば、インタビューと称して、何のことわりもなく、録音テープを回す人もいるし、隠し録音、隠し録画さえする人がいる。常識として、「大変貴重なお話なので、録音させていただいてもよろしいでしょうか？ 内容については誰が語ったのかは他言しません。どこかで活字にする場合には、匿名で出すかどうかも含めて、前もってご了解をいただいてからいたします」と、先方の了解をとってから、録音等をしなければならない。メモも、先方の了解をとってからとるのが基本的マナーである。私の場合、初対面の人の場合は、カメラ、録音機は携帯せずに、メモもポケットにいれたままで会うことにしている。まずは、信頼関係が大切であって、相手が誤解するような態度は慎む必要がある。

実際のところ、フィールドワーカーは、フィールドの人々にとっては「物を売らないセールスマン」でもあり、しかも、相手にしてもほとんど直接的利益にならない「お邪魔虫」でさえある。当事者の立場で考えれば、すぐ了解できることであるが、フィールドワークの出発点が間違っていると、その後のフィールドワーク全体が誤りになるので、フィールドに入る前に、よくよく、フィールドワークとは何か、当事者の立場では自分は何者に見えているのか、自分は当事者にとってどのような意味があるのか等について、考えておかなければならないであろう。

ところが、そのような自己中心性への反省だけが、フィールドワーカーに必要とされているのではない。いかなる社会、文化に行っても、人間としての良識と常識は通用するのであり、異文化だからといって、すべてが異なっているわけでもない。フィールドにおける生活の構えとして、人間としての普遍性に目覚めつつ、人間としての良識と常識を働かせば、それほどの大きな問題は生じないだろう。これを基に現地の人々がやることを順次学び、現地独特の常識を少しずつ修得していけば、ある程度の適応は可能になるといえる。

もちろん、あまりにも現地の人々と同じになりすぎると、かえって警戒されることもあるので、過度の適応にも気をつける必要がある。フィールドワーカーはそのフィールドで生涯暮らすわけではなく、「自分自身はこのフィールドの人々とは別の世界に生きている」のであるから、この一点を誤魔化すわけにはいかないだろう。さらに、「自分自身は現地の文化に弟子入り中だが、どんなに熟達しても現地の人と全く同じにはなれない」という覚悟も必要だと考えられる。すでに現地とは異なる社会、文化で生活を続けた者は、自分の過去をもって生きているのであり、それをすべて帳消しにはできないからである。異人として生きながら、学ぶべきことを学ばさせていただくのが、専門職の異人、つまり、フィールドワーカーの宿命といえるだろう。

うにした。最低でも一回は、私とフィールドを共有できるようにとりはからい、技を体験し、技の意味について考えられるようにした。これによって、土曜、日曜等に学生のフィールドワークに同行することになった。もちろん、フィールドの人々の都合を最優先するので、神社での清掃の手伝いなどは早朝7時半ということもあった。

インタビューの場面では、私が話を切り出し、その話が、あれよあれよと発展するなか、学生達はあっけにとられた感じで、ほとんど言葉を失うようであった。インタビュー中も何度か、「何か聞きたいことがあれば聞いてください」と促して、それから少しずつ話が展開するのが常であった。頃合を見計らって、インフォーマントに別れを告げたあと、参加した学生とは短時間であるがミーティングをして、インタビューの内容について解説するとともに、学生の所感について聞き、フィールドワーク経験の意味について考えてもらった。

このようにして情報やデータが集められる過程で、班のテーマに基づいて個々人のテーマについて決めてもらったあと、私がデータ文献と研究方法についての文献を紹介した。学生には、「論文を書く場合、本来的には自分で文献を検索しなければなりませんが、1年生ですから、特に研究方法についての関連文献は、まず私が紹介しますので、これを基にして、他の文献にもあたるようにしてください」と語り、宗教班のメンバーには、3年生用の民族誌実習報告書3年分のものを渡した。これを読めば、各々の課題にどのような考え方が応用可能であり、その他にどのような文献があるのか知ることができるからである。地震班のメンバーには、文化人類学以外の参考文献を渡したが、「これは文化人類学の文献ではないので、まずは当事者にとってどのような意味があるのかを考え、それを特定の方法に基づいて客観的に分析する（文化人類学的アプローチ方法）にはどうしたらいいか考えるひとつの足がかりとして使ってください」と語った。

冬休み中に原稿用紙で各々20枚以上の原稿を準備するように学生に告げ、正月明けを待つことになった。1年前学期において、私が担当した文化人類学概論では原稿用紙10枚のレポートを提出してもらい、その添削指導もお

こなっているので、ここで20枚は無理な注文ではないと考えられる。教育はすべからく、ステップ・バイ・ステップでおこなわなければならないので、1年前学期における初期導入教育の役割は小さくない。

冬休みが明けて、最終的にレポートを提出した学生は、12人中9人で、地震班の一班のうち3人のみが提出しなかった。参考文献も紹介したし、地震班のあと一班は全員提出したので、努力すれば書けると考えられるが、残念ながら、提出されなかった。この原因としては、まず、学生がどの程度現地の人々と関わっていたかがあげられる。3人の学生のうちひとりは遠隔地通学者であり、彼は対象との関わりが時間的・空間的に制限されていた。また、これとの関連で、同じ班のメンバー間のコミュニケーションにも支障があったと考えられ、他の班のメンバーが相互啓発しながら、協同で調査を遂行していたのとは対照的であった。協同調査というグループ学習の形態なので、相互啓発が活発化しなければ、学生にやる気が起こりにくいと考えられる。

提出された全員のレポートを私が添削して学生に返却したあと、そのレポートをもとにして「フィールドワーク基礎演習」全体の発表会のためのレジュメ（要約）を作成するように指導した。ひととおりレポートができあがったあとの学生たちは、比較的容易にレジュメを作成したが、提出しなかった学生は、提出した学生よりもその作成に苦労した。ついでに付け加えると、この「フィールドワーク基礎演習」担当の教員のうちで、レポート提出をさせたのは私だけであり、他の教員の場合は、レジュメではなく、パワーポイントの原稿だけを提出させた。発表のもとになる論稿なしで、発表レジュメを作成することは1年生にとってかなり困難な作業であると考えられるが、レジュメよりも視覚に訴えるパワーポイントの原稿ならば、充実した内容にすることはさらに難しいと考えられる。発表会の当日の発表内容をみれば、そのことは如実にみてとれた。私が指導した学生の発表では、レジュメをもとにしてパワーポイントの原稿も付け加えた班もあり、発表の形式も含めて、かなり良い出来ばえであった。

発表が終わってから添削した発表レジュメを学生に返却し、添削した内容を再検討してからそれを「フィールドワーク基礎演習」の全体報告書の提出

内容とするように指示した。発表会が終わってから、初めてレジュメの添削を返却したのは、発表の過程を通して、自分のレジュメ内容を自ら見直す機会を設定し、それが終わってから多少の問題を指摘することで、さらにより良いレジュメを書けるようにするためであった。

　学生にとっては、それなりに時間と労力が必要であったが、自分がやった分はやった分だけ自分の血肉になったという、実感のこもった声も聞かれたので、学生にとってこの実習のもつ意味は小さくなかったと考えられる。

第Ⅲ部
フィールドワーク教育の方法

フィールドにおける教師の役割

　フィールドワーク教育実践に基づいて、まずフィールドにおける教師の役割について論じ、次に、フィールドワーク教育一般における教師の役割について考察したあと、教育実践との関連で、学生と大学の現状について考察し、最後にフィールドワークの教育的効果についてまとめる。
　フィールドに入る前のお膳立てが必要なのはいうまでもない。いままで、フィールドワークなるものは一度も経験のない学生なのであるから、ある程度の準備を教師がしなければならない。文化人類学の専門教育レヴェルのフィールドワーク教育においては、フィールドに出る前に、フィールドワークやフィールドワークに基づいた民族誌についての講義をまずおこない、次に、自らフィールドワークをおこなうという手順になるが、1年生用のフィールドワーク演習では、学問的なレヴェルでのフィールドワークとは何かの検討をそれほどまでにはできないし、また、そこまでフィールドワークについての十分なる学問的認識が必要だともいえない。後者においては、フィールドワーク基礎演習における経験を通して、その学問的意義なり、フィールドワークを実践する目的が、学生によって結果として認識できれば授業として成功したといえよう。
　以上のように、3年生用の専門科目としての民族誌実習と1年生用のフィールドワーク基礎演習ではその教育目的に違いがみられる。しかしながら、教師の役割の一般的性格も指摘できる。まず、フィールドに入る前に、どういった目的でこのフィールドワークをおこなうのか、そして、それに基づいたプログラムがどのようなものなのかを、授業の最初に十分に説明しなければならない。これについては他の授業科目も同様であるといえるが、実際にフィールドに出て調査をする実習科目では、このことはその後のフィールドワークの動機付けにも繋がるので、特に注意を要すると考えられる。
　次に、教育効果をあげるための実習地の選定が重要になると考えられる。このためには、前もって、教師が実習地について資料を集め、ある程度検討する必要がある。一部の人々のあいだには、教員が学生を引率し、あとは学生の好きなようにさせることが実習だと思っている「素人」がいるようであるが、学生以上に教師がフィールドについて学習しておかないと、教育活動はできないはずである。「修学旅行の引率」と、フィールドワークの実習指導とは、質的にまったく異なる。

教師のこの基本的態度はフィールドにおいても維持されなければならない。教師はフィールドワークの場においては、学生にとってひとつのモデルであり、フィールドワークを具体的にどのように実践するかの一種の手本にならなければならない存在であるといえる。もちろん、これには反面教師も含まれるので、教師自らが学生の視線にさらされ、教師の方もより良いフィールドワークを実践するよう切磋琢磨しなければならない。この姿が学生にとって重要な教材になると考えられる。この教育効果をより強力に貫徹するためには、実習地内では、基本的には徒歩で特定の場所に移動可能であることがベターであるといえる。これによって、教師も実習地についての全体的文脈を把握しやすくなり、教師がインフォーマントにインタビューする場面等で、その全体的把握を教師がどのようにおこなっているのかを学生自ら経験できるからである。

　次に、学生の調査について報告会、ミーティングを、集中的実習であれば、毎日、一週間に一度の演習であれば毎週開き、学生の発表内容について質問、意見を、教師の方から出さなければならない。これらの質問と意見の前提としては、実習地のフィールドについての基本的知識とそこでの教師自身のフィールドワーク体験、実習地以外でのフィールドについての民族誌的知識と考え方、文化人類学の研究およびその研究方法論についての知識と考え方、教師の（実習地以外での）これまでのフィールドワークに基づくフィールド感覚、これらが必要になるので、このような指導の場面においては教師の力量とキャパシティが問われることになる。

　学生と教師とのインターラクション、あるいはコミュニケーションについては、これらを繰り返すことによって、学生と教師間のより良いコミュニケーションが、学生間のそれにつながり（フィールドについての情報交換、意見交換がその契機となる）、また、現地の人々と学生および教師との間のより良いコミュニケーションにも関わってくると考えられる。教師が現地の人々とより良いコミュニケーションを形成しようとするのを学生が観察しているのであるし、学生が現地の人々とより良い関係がつくれなければ、フィールドデータがとれないのであるから、現地の人々、学生、教師、それぞれの間のコミュニケーションは相互に関わっているといえるのである。

　つまり、フィールドワーク実習における教師の役割とは、現地の人々、学生、これらの人々の間にあって、お互いのコミュニケーションを媒介することである。これによる教育効果は明らかであり、学生においてはコミュニケーション能力の育成と、その発展あるいは契機になると考えられ、現地の人々にとっては、フィールドワーク実習を通して学生と教師と出会い、お互いのコミュニケーションの嚆矢になると考えられる。

8章　教育的効果を生む環境づくり

1．大学生の現状を把握する

　フィールドワーク教育の教育目的やそこにおける教師の役割は、教育目的の前提にある教育理念に支えられているといえるが、いかに高尚な教育理念があるとしても、現実の教育現場には生身の学生がいて、それらの学生は教育についてのイメージやそれに基づく受け取り方をもっている。よって、必要なことは、現在の大学生が教育についてどのように考えているのか、あるいは考えていないかについて考察することである。

　次に述べるのは、2004年度の授業アンケート調査の報告書に書いた私の報告である（1年生前期の選択必修科目である「文化人類学概論」）。

成績評価に際し注意した事項

　小レポート1回、大レポート1回（4000字程度）、試験1回で成績をつけた。レポートはその形式が整っていればBとし、それに内容が充実していればAとした。試験は、授業全体のテーマについて理解したうえで、各々のサブテーマを論理的につなぎ合わすことができるかどうかの試験であり、授業内容を理解できていればBとし、それに加えて自らの意見が論理的に表現できていればAとした。

　　成績評価の内訳　　A　28.7 %
　　　　　　　　　　　B　58.6 %
　　　　　　　　　　　C　 2.3 %
　　　　　　　　　　　D　10.3 %

報告内容

　今年度のアンケート結果によれば、前年度に比べると、授業内容の理解度が低くなっている。授業内容とレポート課題等（教師による添削指導も含む）は前年とほぼ同様であるので、学生の受け取り方が変わったと見なければならないだろう。他のアンケート項目については、出席率が前年よりもさらに高くなったこと以外はあまり違いがない。

　成績についてはレポート提出率およびレポートの成績が前年よりも落ちている。試験についてはそれほどの変化は見られなかった。

　このことについて以下、考察する。私の場合、試験問題に「授業に参加し、何を学んだかについて論じよ」を出したし、すべての答案、それに、何人かの学生とは直接話をしたので、これも資料になる。

　「大学に来てからも高校の延長でそのまま勉強していけると思っている学生が多いし、『新たな考え方を学ぶ』といわれると、自分を否定された気分になります。高校卒業までで、すでに自分が完成していて、あとは大学で知識を覚えればいいと思っている学生が大半だと思います」とある1年生は語った。この発言を裏打ちするのは、答案である。この学生が語っている内容そのものが大半の解答には語られている。

　つまり、1年生に顕著にみられる学生の性格は、心理学でいうところのナルシシズムが強く、大学の授業に求めているのは、単なる知識であり、「考え方を学ぶ」という発想自体が希薄であり、授業中は、何も考えずに、「眺めている」学生がかなりいると見られる。

　授業では、本を紹介しても、読むことがないということもわかったので、2回にわたって、入門書、概論書の現物を授業に持参し、回覧したり、TAの大学院生等に学生生活について語ってもらったりしたが、どうも、これだけでは、不十分だと考えられる。ナルシストの特徴には「自分の見方はすべての人々の見方」という傾向があるので、学生によって見方が違うことがわかれば、自分の見方を相対化できると考えられる。そこで、ホームページ上に「広場」をつくり、そこでコミュニケーションのきっかけをつくるという方法が有効であろう。

中間アンケートでは、話し方が早すぎる、声が高いなどの批判があり、そのリクエストに対応したが、結果的にそれでよかった学生とそれではよくない学生に分かれ、しかも授業中には何らの要望も出されなかった。気軽に質問、要望を出せるような方法があれば、「自分の見方」に気づくことができるといえる。

　ただ、答案全般についていえば、「受験勉強と大学の学問の違いがわかった」というものが大半を占めたので、授業としてはある程度成功したといえるだろう。

　学生の語りとしてある前ページの引用部分は、静岡大学の現在の学生気質を知るうえで重要であると考えられる。

　もし、大学教育を実りあるものにしようとするならば、このような学生気質に対して大学教育はどのように対応するか真剣に考える必要があると考えられる。私としては、この授業科目において、大学4年間で何をどのように達成し、それが卒業後の就職にどのように関わるのかということを、新聞、報告書、その他の資料（授業内容に客観性があることを示す資料）のコピーを配布し、授業自体が一種の葛藤経験になるようにプログラム化した。

2．教員全体によるカリキュラムづくり

　次にあるのは、ある学生の答案内容である。この種の答案は、全体で30％ほどであったが、「受験勉強と大学の学問の違いがわかった」という答案内容は全体として80％以上あった。

> 問題(2)　授業に参加し、何を学んだかについて論じよ。（掲載については当該学生の了承済み）
>
> 　私は、文化人類学概論の授業を受けて、文化人類学やフィールドワークについて、また大学や韓国についてなど、多くのことを学んだ。その中でも、特に印象的であったのが、高校までと大学の違いについてである。そこでなぜそのことが特に印象的であったのか、以下に理由を述べる。

まず授業の受け方についてである。大学に入り、授業を受け、私は授業に対してそれまでと何かが違うことを感じていた。高校までと同じようにいすに座り、先生の話をきいていたのに、何も理解することができなかったのである。私は自分が理解できないのは先生の話が難しすぎるからだと思っていた。しかし、原尻先生のお話を聞いて、それは自分が考えていなかったからだということに気づいた。確かに、授業の内容は高度であったが、理解できなかった一番の原因は私が考えていなかったことにあったのである。私は高校までと同様に、ただ座って授業を聞いていただけであったのだ。そこで、原尻先生のお話を聞いてからは「考える」ことに努めた。するとそれまでよりも理解できるようになったし、また何よりも授業に対して興味を持つようになったのである。これは私にとって大きな変化であった。したがって非常に印象的であったのだ。

次に、読書に対する姿勢についてである。文化人類学概論にはレポートがあり、そのために本を一冊読んだ。以前ならば、本を読んでも読んだきりであったが、今回は読んで自分の意見を「考える」ことが必要であった。そのためには、著者の主張をしっかりと理解する必要があり、本文の一字一句全てを丁寧に読む必要があった。これは大変なことではあったが、しかし本を理解することができたし、その分野に対して新たな興味を抱くことができた。これは文化人類学のレポートがあったから得ることができたものであり、また本来あるべき読書に対する姿勢であると私は感じた。そのため、非常に印象的であった。

以上より、私は文化人類学概論の授業から、高校までと大学の違いを学んだ。この違いは大学での授業や読書など、学習において、「考える」ことが必要であるということである。つまり、私が文化人類学概論の授業から学んだことは、「考える」ことの重要性である。

　一応、私自身の授業としてはある程度成功したといえるだろうが、問題として考えられることは、このような葛藤を引き起こす授業がどれだけあるかということである。1年前学期に受講する授業の半分以上で、同様のことが求められているのならば、その葛藤経験は当然のこととして受け入れられ、より良い教育効果も期待できるだろうが、1年生用の科目で、小レポート1回に加え、4000字の大レポートを書き、それに添削指導をしてもらい、さらに試験もある科目は、他に存在していない。実際のところ、私自身が4年間同様のことを続けてきて、毎年学生にインタビューしたところ、レポート

書きが自分にとってプラスだったと思っている学生はそのように考えていない学生よりもずっと少ない。ただ、負担が増えただけととっている学生の方が多いのである。もちろん、実際にレポートを書き、その添削指導をしてもらったのであるから、レポート書きの技法は実質的に向上しており、それはその後の学業生活上プラスに働いていると考えられるが、学生はそれをそのように意識化していないようである。

　学生個人にとってみると、数ある授業科目のひとつに負担の多いものがあり、そして授業は考えて受けないと理解できない内容になっている。「大学で適当に知識を身につけ、何かの資格でもあれば、就職できるだろう」と思っている学生が、このような授業を通して、わざわざ葛藤経験をしようと考えるだろうか。

　さらに、現行の授業は、教員各自が「自由自在」に授業を運営できるのであり、授業目的が明確でその目的のために内容を充実した授業をおこなうか、おこなわないかはすべて教師次第であるといえる。実際のところ、カリュキュラムに基づいた授業とは何か、また、それをどのようにしたらいいかの基本的コンセンサスが大学全体、学部全体、学科全体でとられているともいえないだろう。つまるところ、教師のやりたい放題が現実であるといえる。しかしながら、一部の大学あるいは学部では、授業アンケート結果を教師評価に結びつけているところもある。本来的にはカリュキュラムを整備し、それに基づいた授業を展開したうえで、授業は教師と学生が協同で作り出す活動であるので、そのために授業アンケートをして、教師がより良い授業活動の一助にするという目的が、教師評価にすりかえられているといえるのである。このようなことを続けると、「学生のご機嫌うかがいのための授業」に成り果ててしまう可能性がある。結果として、4年間学生のご機嫌をうかがい、大学教育の成果を出せずに、名目上の学士を出すということになるだろう。学生数の減少のこの時代、このようなことを続ける大学あるいは学部の将来は危ういといわざるをえない。

　これからは、カリュキュラムについての基本的認識に基づいた、新たな、実効性のあるカリュキュラムづくりが期待されよう。これなしには、フィー

ルドワーク教育などの新たな試みが実を結びにくいと考えられる。現実に学生の学力その他が低下していっているのは事実であり、それへの積極的対応策を考え、個別の科目ではなく、カリュキュラム全体で実践的な方策を実施しない限り、今後さらに学生の学力が低下することが予想されることから、大学の存在意義自体が問われると考えられる。

　最後に付け加えれば、フィールドワーク教育をこのようなカリュキュラムに位置付けることができるならば、これまで論じたように学生の学力アップ、コミュニケーション能力アップが可能になると考えられる。逆にいうと、カリュキュラム全体の取り組みなしに、フィールドワーク教育という「アドバルーン」をいくらあげても、実質的な教育効果はあまり望めない。学生にとってみると、自分たちにとって実のある教育であり、積極的にやればやるだけ自分のためになるという意識づくりがなければ、「負担の多い授業」にしかならないからである。この意識づくりのためにはカリュキュラム全体、教員全体の協力体制づくりが必要なのである。

9章　フィールドワークの心構えと技法

1．コミュニケーションと学習

　「フィールドワークで一番大切なことは、フィールドの人から信頼される人間になることである」、これはフィールドワーク実習のときに、常に私が学生に語る言葉である。大学という場は、一般社会の人々からみると、俗世間から離れた「象牙の塔」にみえるのは事実であろうが、フィールドワーク教育によって、学生と教員は社会の現実、日本の現実をみることになる。「象牙の塔」にいては経験できないことを経験し、しかもその経験を学問的に考える契機も得ることができる。これだけの成果をあげられるフィールドワークに協力していただけるフィールドの人々に対し、何よりも必要なのは礼儀であるといえる。これに関連して、以下に掲げるのは私が学生に配るフィールドワークをするうえでの、基本的心構えと技法についてのものである[2]（この文章は、日本定住コリアンのライフヒストリー調査の講座を依頼されたときに作成したものをもとにしているが、フィールドワーク一般についての意味についても論じている）。

2．フィールドワークの原則

　① 「知らない、わからない、できない」から始まる
　　　自分が知っていると思っていることでも、当事者によって意味づけ、解釈が異なるので、当事者にとってどういった意味があるかを聞かなければならない。聞く場合の根本姿勢が、この「知らない、わからない、できない」である。ただ、教えていただくとはいっても、相手を緊張させるような態度は好ましくない。人から変な目で見られ続けた人々の場

合、相手がどのような人間であるかを、探りを入れながら観察すること
があるので、「何でも見てください。私はあなたを愛したいのです」と
いう意向を伝える、あるいはそのための努力をする。この到達点は対等
な関係でけんかもできるような関係になることであるが、そこまでなれ
なくても「この人に会えてよかった」と思われる関係づくりが必要であ
る。
② 相手の意向を尊重するが、こちらの考え方もわかるように伝える

まったくの初対面の人間との関係づくりはフィールドワークでなくと
もたやすくはない。礼儀作法としては、相手の意向を聞いてからこちら
の態度を決めなければならないが、だからといってすべて相手のペース
だけでインタビューをすることはできない。相手の生きてきた時代、生
活背景、人間関係の作り方、これらをその場その場で瞬時に把握し、伝
える内容の伝え方を工夫しなければならない。
③ 自分自身の生きてきた〈方法〉について自覚的になる

世の中の人が自分と同じ生き方をしているという前提をまず崩しさる
必要がある。そのためには、自分の生きてきた生き方について自覚的に
ならなければならない。特に親子関係や親の生き方についてはよくよく
反省しなければならない。人間関係の作り方は親子関係が基本になって
いることがしばしばみられる。

3．生活史調査の原則

① 根掘り葉掘り聞くのではなく、相手の生き方の基本とは何かを理解す
る姿勢をもつ

第三者的には「とんでもない人生」にみえても、そして本人もそのよ
うに見られていることは重々承知していても、聞く方は既成の枠組みに
とらわれた聞き方をしてはいけない。その話に出てくる人々の各立場で
考えながら聞き、そのなかでその語りのもつ意味を考えなければならな
い。恐らく、当事者にとってはこのような姿勢で聞いてもらうあるいは

理解する人は初めてであると考えられるので、聞く方も語る方も瞬間的には聞くと語るの境界があいまいになる。そのあいまいな状況のときに、双方の実存的出会い体験が生まれると考えられる。
② 聞いてはならないこと、言ってはならないことがある
　ラポール（信頼関係）は地道な人間関係づくりがあって初めてつくられるものなので、何回も会うことでやっと本音の話が聞けることもある。「聞いてはならないこと、言ってはならないこと」とは、その人との関わりで決まってくるので、その限度を越える内容についてはあえて聞いてはならないし、相手とのラポールが不十分であるにもかかわらず、自分が伝えたいことを切り出してはいけない。
③ 会った瞬間が最も大事である
　これは言葉をかえれば、見せられない自分など最初から捨てなければならないことを意味する。「捨てなければならない」というのはこの文章を正確に伝えたものではないが、言い換えると「裸で関わろうという気持ちがないのならば、最初から関わらない方がいい」という意味である。

4．些細なHOW TOについて

① 相手に配慮しながら、配慮していることをわからないように「普通に」つきあう。これは日常生活の基本でもあるから、あえてここで述べる必要もないだろう。
② 「調査」という言い方は避ける
　「被害者意識」をもたされて生きてきた人にとって、「調査」という言葉は入国管理局、警察を連想させるので、使わないほうがいい。こちら側が「そのつもり」がなくても、「別の受け取り方」をされる場合があるので、試行錯誤で相手の受け取り方を学ばなければならない。
③ こちらの常識で判断してはならない
　自分がよかれと思うことが相手にも同じように通じると最初から決め

てかかってはいけない。「常識」はときとして大切であるが、「常識」が無理解や偏見になることにも留意しなければならない。
④　笑いの精神を忘れてはならない
　　真剣に関わることは大切であるが、相手とお互いの人生を笑えるなかでありたい。
⑤　驚き、感動、尊敬、を大切に
　　素直に驚き、「人生の達人」に感動し、そして尊敬を自然体で表現できるようになりたい。
⑥　悩みをもち、それを自分の問題として受け入れる
　　相手との距離が縮まれば、それだけ自問自答することが多くなる。これは極めて「自然な」ことであるが、この悩みを自分の問題として引き受け、他者（インフォーマントを含む）との「甘え」の関係を避ける。「『甘え』の関係」とは、自分が消化できない問題を相手にもたれかかることで誤魔化すような関わり方をさす。
⑦　いち人間としての関わり方が大切であり、ことさら「日本」、「日本人」、「韓国」、「韓国人」などと表現しないようにする
　　表現しないだけでなく、決まりきった見方で相手を見ないようにする。

　以上、HOW TO についてもまとめてみたが、実は決まりきった「マニュアル」などはないので、「あたって砕けろ」の覚悟が必要である。

5．コミュニケーションを通して学ぶ

　これによって、フィールドにおいて具体的にどのようなコミュニケーションが展開されているかわかるだろう。まずは、眼前にいる人が何をいいたいのか、何を考えているのかについて理解するために真摯に話をうかがいながら、フィールドワーカーの関心についての話も聞かせてもらう。相手から信頼してもらえるだけの人間でなければ、このようなコミュニケーションは成

り立たないといえる。さらに、このような経験と実践は社会に出てからの人間関係にすぐに応用可能であると考えられる。

　教員自身がこのような実践をできなければ、学生のモデルになることができない。学生にとってみれば、教師とインフォーマントとのコミュニケーションの一瞬、一瞬が、学びの場になるといえる。しかも、インタビューが終わった後、その場から離れて、学生と教師はその場の意味について議論を始める。もちろん、教師による解説から話は始まるが、会話内容とその前提になっている事実関係および考え方についての話も含まれるので、その場を共有した学生たちは、コミュニケーションの中身とそのあり様について、インフォーマントからの見方、教師の見方、そして学生個人の見方を相対化して考えることができる。とても、自分自身の見方だけの世界にいたのでは、考えることのできない世界がそこでは展開しているのである。心理学でいうところのナルシシズムの克服、社会人としての社会化、そしてフィールドワーカーとしての通過儀礼の洗礼がここで経験できると考えられる。

　フィールドワーク中は、フィールド経験だけでなく、ミーティングによるグループ・ディスカッションもおこなうので、これによるコミュニケーションを通して、学生は様々な見方や考え方を学ぶことができる。3年生用の民族誌実習であれば、ほぼ一日中が学びの場となる。

　先に論じたように、集団的フィールドワークを終えた後は、学生個々人によるフィールドワークとなる。そして、教員と学生個々人とのコミュニケーションが論文作成という形で、継続される。学生にとってみれば、限られた知識と経験のなかで、何らかのテーマを見つけ出し、それに基づいて論文を作成しなければならないし、しかも生まれて初めての作業でもあるので、当初より試行錯誤の状況であるといえる。文章化された学生からの問いと本人の口から出される論文のテーマは、最初は原初的であり、思いつきレヴェルといっていいものがほとんどであるが、教員は、その言葉をよく聞き、意味を尋ね、そして相手を理解したうえで、その言葉を学問的なレヴェルの別の言葉に翻訳しなければならない。また、その翻訳内容は、ただひとつではなく、それなりの広がりがなければならず、どのようなレヴェルで考えるかで、

翻訳内容が異なることも学生に伝えなければならない。それらを伝え、参考文献を紹介したならば、次は学生が個人的に考える番になる。

こういった過程は1回で終わるのではなく、何回も同様のことを継続しながら、テーマを絞りこみ、論理的文章が完成していく。何回も継続するうちに、学生と教師とのコミュニケーションは円滑化されていき、論文の論理性も改善されていく。3年生用の民族誌実習であれば、通常、5〜10回ほどの論文の書き直しによって、論文完成となる。この授業科目の場合、私は学生に対して必ず学問的オリジナリティーをどこかで出すように指導している。もちろん、どのようにすればオリジナリティーが出せるかを教員が知っておかなければ、このような指導はできないだろう。教師も、当該テーマについて学習しておかなければ、そのような指導はできない。

個々の学生の論文が完成したあとは、学生たちは報告書として冊子にするための編集に取りかかる。ここでは、極力、教師は編集にはタッチせずに、1年前に編集を経験した先輩と後輩とのインターラクションにことを一任する。編集作業は、一人でできるものではないし、論文の様式を統一し、全体の配置をどうするかを考えなければならない関係からも協同作業になる。論文の掲載順序などは、教師が介入し、冊子全体の構成を考えたうえでアドバイスをする。この最後の仕上げである編集作業も学生のコミュニケーション能力を向上させるための意味をもっている。

静岡大学人文学部の場合、2003年度から始められた学部主催の学生発表会では、毎年作成していたフィールドワーク報告書に基づく口頭プレゼンテーションが可能となり、これは学生のコミュニケーション能力を発展可能にする、また別の契機となった。学生各自の論文に基づいたレジュメを準備してもらい、選考会を開いたうえで、発表代表者を2名決めた。学生発表会の発表は2名であるが、発表会には全員参加をすることで、共同研究者として、各自責任をもってもらった。これは内容的には学会発表しても十分なものであり、一般的な評価も高かった。

この発表と報告書は、フィールドの人々へのデータの還元にもなる。ここからが、フィールドの人々、つまり地域社会の人々とのおつきあいの始まり

にもなるのである。

6．フィールドワーク教育の可能性

　フィールドワークとは何か、フィールドワークはどのようなものなのかについての著作等は日本でも出版されている[3]。しかしながら、フィールドワーク教育について具体的に論じたものはほとんどない[4]。いわば、フィールドワーク教育は、専門大学院大学を中心とした教育機関で、個人あるいは特定の大学の研究室における「秘技」として伝承されてきたといえるかもしれない。

　本書では、フィールドワーク教育を自らの教育実践に基づいて具体的に論じてきた。これまで論じたことで理解できるように、フィールドワーク教育は、学生に広義のコミュニケーション能力を開発・発展させるうえで、重要な役割を演じることができる。ここには、フィールドでの学習とフィールドからの学習の両面がある。それは、まず、学生の現状との関連でいえば、以下のとおりである。

　⑴学生の社会性の獲得とナルシシズムの克服
　⑵話し、聞き、答え、書き、読むというコミュニケーションの一般的能力の開発と発展
　⑶教師のポテンシャリティーの開発と発展
　⑷地域社会との連携の契機
　⑸学生間、学生と教師間のより良いコミュニケーションの進展

　しかしながら、先に論じたように、フィールドワーク教育を実効性あるものにするためには、カリキュラムにおけるこの教育の位置づけを明確化するとともに、大学、学部、学科全体としてこの教育を支える体制づくりが不可欠である。言い換えれば、カリキュラムに基づいた実効性ある教育体制づくりのために、フィールドワーク教育を活用できる。

　また、フィールドワーク教育の方法は、理科系の農学部と理学部においても独自の発達を遂げているので、これら理科系のフィールドワークの方法が、

現場を知り、人間との直接コンタクトによる参与観察と全体的アプローチを主眼とする文化人類学的アプローチと対話をすることによって、お互いの長所を学びながら、新たなフィールドワーク教育の地平を開拓することも可能である。この点においては、フィールドワーク教育について全学的な取り組みが不可欠であるといえる。

例えば、工学部等においては、モノづくりの現場を学生に体験させ、モノを作る人間からのアプローチ、モノそのものについての知識、モノづくりの仕組みからのアプローチ等を、総合的にフィールドワーク教育に組み入れることも可能であろう。これには、理系と文系の知見と経験が必要になるはずである。

最後に、フィールドワーク教育を実践していくためには、それを担う人材が必要となる。フィールドワーク教育の事例で3年生用の専門課程であれば、フィールドワークのお膳立てのみならず、フィールドでのインタビューの実践や毎晩開かれるミーティングでの質問・意見交換、フィールドワーク後の論文指導など、やるべきことが多すぎて、とても通常このとおり実践することは困難だといえよう。しかも、公民館などで毎晩ザコネをするわけなので、これも大半の教員にとっては大変なことかもしれない。しかしながら、やるべきポイントについてはある程度実践可能であり、この事例をひとつの例として活用し、自らのフィールドワーク教育の方法を、その原則を踏まえて、開発することも可能であると考えられる。

私自身の例でいえば、私は主に都市社会のフィールドワークを中心にやってきた。当時においては、いわゆる「伝統社会」とよばれる第一次産業を中心としたフィールドは基本的には韓国の済州島での経験に限定されていた。しかしながら、このフィールドワーク教育の経験は、教育活動のみならず研究活動にも様々な刺激を提供してくれた。例えば、これは自分が継続しているフィールドを別な角度から考察する機会を与えてくれたのである。恐らく、文化人類学を専門としない教員にとっても同じような意味があるのではなかろうか。これは、教員個々人の学問の幅と質に関わることであるので断言はできないだろうが、経験を活かすも殺すも、それぞれの個人であることは、

教員と学生の別なくいえることであろう。

(注)
(1) 参与と観察との関係の基本的問題については、関本（1988）参照。この問題はフィールドワークの認識論を考えるうえで重要になると考えられるが、ここでは、その目的の関係上、これ以上の議論は展開しないことにする（第Ⅰ部参照）。この問題に関連し、かつ方法の問題について言及した筆者による実践的民族誌記述では、原尻（1997）がある。
(2) 付け加えれば、私のフィールドワークは、日本国内のマイノリティー研究から始められたので、私がマジョリティーのメンバーであり、フィールドの人々はマイノリティーであるという関係から、この力関係を抜きにしてはフィールドワークをすることはできなかった。もちろん、フィールドワークという活動自体が、調査する人＝支配する側、調査される人＝支配される側という図式でおこなわれ、それがかなり一般的性格であることは、カルチュラル・スタディーズからの文化人類学への批判を待つまでもなく、そのとおりであるといえる。私の場合、このことを念頭において、今日までフィールドワークを継続しているので、日本国内の「伝統社会」の研究においても、その姿勢はかわっていない。ただ、在日外国国籍者についての研究のもつ性格と「伝統社会」のそれでは、違いもあるので、以下の文章は、その違いについてある程度考えて読む必要があるといえる。
(3) 例えば、佐藤郁哉 1992『フィールドワーク──書を持って街へ出よう』新曜社、須藤健一編 1996『フィールドワークを歩く──文化系研究者の知識と経験』嵯峨野書院、箕浦康子編 1999『フィールドワークの技法と実際──マイクロ・エスノグラフィー入門』ミネルヴァ書房等がある。また、この種のフィールドワークのテキストはアメリカ等ではかなりの種類と量が出版されており、フィールドワークについてのいわゆる how to 本などもかなりの数にのぼる（例えば、Wax 1971, Denzin & Lincoln eds. 1994, Emerson, Fretz, and Shaw 1995）。
(4) 日本語でのフィールドワーク入門書を検討した山中によれば（山中 2001）、入門書には、フィールドワークによる研究方法のもつ固有の思想や技法を説明したもの（山中の表現では技能についての本）と、具体的なフィールド経験の過程で獲得したやり方を普遍的技法として一般化することを試みるもの（技術）の二つのタイプがあるという。しかしながら、ここにはフィールドワーク教育とは何であり、それを具体的にどのように展開するかについての著作は含まれていない。含まれていない理由はその種の著作が今日まで出版されていないからであるといえる。

第Ⅱ部、第Ⅲ部での参考文献

佐藤郁哉 1992『フィールドワーク──書を持って街へ出よう』新曜社
須藤健一編 1996『フィールドワークを歩く──文化系研究者の知識と経験』嵯峨野書院
関本照夫 1988「フィールドワークの認識論」伊藤幹治・米山俊直編『文化人類学へのアプローチ』ミネルヴァ書房
原尻英樹 1996「近代人類学の夜明け(1)──マリノフスキーをめぐって」祖父江孝男・原

尻英樹共編『文化人類学』(放送大学テキスト)放送大学教育振興会
原尻英樹 1997『日本定住コリアンの日常と生活——文化人類学的アプローチ』明石書店
箕浦康子編 1999『フィールドワークの技法と実際——マイクロ・エスノグラフィー入門』ミネルヴァ書房
山中速人 2001「フィールドワーク教育をめぐる動向と課題——技法教育へのマルチメディア利用に向けて」『中央大学文学部紀要・社会学科』通巻188号、2001年5月、pp.113-160.
Denzin, Norman K. and Yvonna S. Lincoln eds. 1994 *Handbook of Qualitative Research*. Thousand Oaks, CA: Sage.
Emerson, Robert M., Rachel I. Fretz, and Linda L. Shaw 1995 *Writing Ethnographic Fieldnotes*. Chicago: University of Chicago Press.
Wax, Rosalie 1971 *Doing Fieldwork: Warnings and Advice*. Chicago: University of Chicago Press
平成13年度『民族誌実習報告書——静岡県南伊豆町妻良』静岡大学人文学部社会学科文化人類学研究室
平成14年度『民族誌実習報告書——静岡県南伊豆町立岩』静岡大学人文学部社会学科文化人類学研究室
平成15年度『民族誌実習報告書——静岡南伊豆町吉祥(一色・蝶ヶ野)』静岡大学人文学部社会学科文化人類学研究室

第Ⅳ部
フィールドワーク教育の教育的効果

新しい認識力を身につける

　第Ⅱ部、第Ⅲ部をお読みの方は、具体的なフィールドワークの手続きやその方策についてある程度、ご理解いただいたと思うが、第Ⅳ部では、フィールドワーク経験あるいはフィールドワーク教育を受けることで、具体的にどのような認識上、そしてそれと関連する生活の方法上の変化が生まれるかについて記述している。そして、そのような変化が可能になるためにはどのような具体的条件が必要なのかも紹介している。さらに、フィールドワーク教育における本書の活用法についても説明し、どのようにすれば、フィールドワーク教育の教育効果があげられるかの方策も提示している。

　まず、最初にあげるのは、私自身がフィールドワークをすることで、どのような認識上の変化を経験したかについての具体的事例である。これによって、フィールドワークの教育的効果を確認できるとともに、この変化が生まれるための条件についても理解できるといえる。次に、フィールドワークによって生まれた新たな認識を基礎づけるための、その理念を具体的生活のなかでどのように実践できるかについて、われわれの他者認識を例に取り、論じている。もちろん、この部分は、日本社会の現実の問題克服についての私なりの見解も入っているので、ひとつの考え方として受け取っていただきたい。これ以外の理念も可能であるし、実のところそのような多様な考え方が生まれ、それを受け入れることがフィールドワークとフィールドワーク教育の成果だといえるのである。

　さらに、これらの具体的事例を通して、フィールドワーク教育の効果を高めるための条件について結論づけている。この条件整備は、教育あるいは教育的活動一般にも通じるそれであり、教育の原点とは何かという根本問題にも関係すると考えられる。

10章　フィールドワークで自分が変わる

1．自分の常識を相対化する

　私は、日本定住コリアンの研究を始めてかれこれ26年になる。まず、韓国語や韓国文化の勉強を始め、韓国にも大学2年のときに初めて渡った。その後、定住コリアンについての文献収集やインタビューを始めたのであるが、私にとって大変だったのは言葉の勉強よりも「スプーンの使い方」だった。

　ご存知のように、現在、定住コリアンは、二世や三世がその大半であり、これらの人々の日常的な言語は日本語であるし、たとえ一世であっても日本での生活が長いので主に日本語の方を日常的に使っているといえる。しかし、研究者は一世が話していた言語環境についての知識ももっておく必要があると私は考えた。私が研究を始めた当時、一世の話す日本語に韓国語の直訳語や韓国語の影響と思われた言い回しがあったし、その次の世代である二世にもそれらが伝えられる可能性もあると考えたからである。例えば、筑豊のフィールドワーク中に、「編み目がトロジしてしまって……」とある二世の女性が無意識的に述べた。ご本人は「編み目が落ちてしまって……」と言ったつもりであったと語ったが、これは韓国語「トロジダ」（落ちる）という動詞を使った例である。

　これで思い出したのは、私が小学生のとき、地区対抗ソフトボール大会の練習試合があり、相手チームの監督が、「一塁ランナーを殺して、次に二塁を殺せ……」と大声で指示していた場面であった。私の故郷ではこのような言い方をする人はいなかったので、「すごい表現だな」と思った。そして、私なりの違和感をもった。同様の違和感は、恐らく他の人々ももっただろう。監督はラーメン屋のおじさんで、日頃は温厚な感じの人であった、しかも、地域ではそれなりの信望があったように記憶するが、私の母親は、「あのラ

ーメン屋さんは朝鮮人よ。おばあさんは日本語おかしいからすぐわかる」などと言っていた。興味を持った私は、一度ひとりでラーメンを食べに行った。確かに、おばあさんの日本語はなまっていた。「このおじさんは朝鮮人なんだな」と私も思った。この時点ではそれほどの差別感などは意識化していなかったが、後から考えてみると、「朝鮮人」＝野蛮という見方で見ていて、さきの「殺す発言」はその裏づけになっていたといえる。

　実は、韓国語の「チュギダ」という動詞を日本語に直訳して、「殺す」と表現していたのであって、日本語の「殺す」という意味とは別物であったのであるが、当時はそんなことなどわかるはずはなかった。これを日本語に意訳すれば、「アウトにする」とでもなろう。自分が使っている言葉の意味について考えることはあまりないので、ついつい、自分のものさしで相手をはかってしまう。そして、通常、自分の常識について相対的に考えることは困難だといえよう。なぜならば、周りの人間が自分と同じ常識を共有しており、それに対する疑問は、自分とは異なる常識を共有する人々がいて、初めて可能になると考えられるからである。つまり、多文化、多言語的状況にいれば、それだけ理解の幅が広がるといえる。しかしながら、これまでの日本においては、このような状況は期待できなかったのではなかろうか。しかし、次の事例は、日常的な構え次第で、理解力の幅を広げられる機会があることを物語っているといえる。

　九州から上京して間もない頃、あるところで試験監督をすることになった。試験会場に行って、開始直前に、「机の上のものは、筆記用具以外、な̇お̇し̇て̇く̇だ̇さ̇い̇」と私は何気なく、そして九州の大学でこれまで言っているとおりに指示した。しかしながら、学生さんたちの反応がどうもおかしい。一応、試験時間になったので、とにかく、試験を始めた。そして、試験時間中に突然思い立った。ここは、東京である。東京では、「なおしてください」ではなく、「しまってください」と言わなければならないと、ここで気づいたのである。九州の読者ならばおわかりと思うが、九州では、「しまう」とは言わずに、そのかわりに「なおす」というのである。言語に敏感でなければならないのは、外国語を使う人に対してだけでないことがここでおわかりだろ

う。他者への適切な言葉は、受け取る側の受け取り方についての配慮によっているといえる。皆さん、日本国中、どこでも全く同じ言葉を話しているわけではないので、ご注意ください。

2．スプーンの使い方

　さて、このような「知識」は学者先生の十八番であるが、最初に述べたような「スプーンの使い方」は、単なる知識だけでマスターできるものではなかった。

　私の育った家庭では、スプーンを使う食習慣がほとんどなかった。カレーライスにもしょうゆをかけ、はしで食べていたくらいだった。しかし、本国韓国人や定住コリアンの年配の方々の食卓では、必ずはしとスプーンがセットになって出てきた。文化人類学者あるいはフィールドワーカーは、現地の人々の生活に入り込み、現地の人々と同じような生活感覚の獲得をめざすので、スプーンを使って食事もしなければならない。ところが、私はお椀のなかの味噌汁をスプーンですくって飲んでも、本当のところはうまくなかった。ただ、いっしょに食事をしていた人々はうまそうにスプーンですくって飲んでいた。

　実は、ここからが問題だった。「うまくなくても、皆に合わせて、うまそうぶって飲むか」、あるいは「自分にとってうまいと思う方法で飲むか」、どちらかであった。私はその場では後者を選んだ。なぜならば、ウソをつくことはよくないと考えたからである。「ウソをつかないこと」はこれまでの私のフィールドワークの鉄則であるが、スプーンを使わないで食事をすることを、「ウソをつかない」というお題目でごまかすわけにはいかなかった。「私は私の好きなやり方でやりまーす」と言ったとき、自分自身が背負っている文化的前提を不問に付し、他者理解と自己理解の可能性を自ら断ち切ってしまうといえる。

　そこで、まず、私は、大学生、大学院生時代はひとり暮らしだったので、学生食堂を利用しており、その際に、できるだけスプーンを使って汁物をい

ただくことにし、およばれのときにも同様にすることにした。こういったことは「習うより慣れろ」の格言どおり、とにかく実行することが重要だといえよう。もちろん、最初のうちは、はしを右手に持って、お椀を左手に、いっきに飲むほうがうまかったが、そして、それは私の家庭の文化によって決められていたといえるが、食事の際に、日常的にスプーンを使うようになると、うまいかまずいかは別にして、徐々に「使って当たり前」になってきた。このように、「慣れる」とは、自らの身体に文化のあり様を刻み続けることであり、最初は意識的におこなうが、徐々にそれが「当たり前」になっていくと、身体は新たな局面に達していくといえる。

　そして、ほぼ「当たり前」になってから、5、6年経っただろうか、私はスプーンなしでは食事ができなくなっていた。スプーンを使って当たり前だけでなく、スプーンで汁物をすくって飲む方が、使わないよりも、その味がうまくなっていた。おまけに、スプーンの形が「スカラ」という韓国式のスプーンでなくては、いい味がしなくなった。韓国に留学してスプーンを使う人々とその環境に囲まれて生活するのではなかったので、「スプーンの使い方」を習得するのに5、6年もかかってしまったのである。

　「なぜそんなことまでしてスプーンの使い方を習わなければならないのか？」という声が聞こえてきそうであるが、まず、学問的な意義を離れてみても、人がスプーンを使ってうまそうに飲んでいるのを見て、どうしてうまいのだろうか？　味がうまくなるにはどんな使い方をしたらいいのだろうか？　自分もスプーンを使って、うまいスープを飲んでみたい、このように思うのが人情ではなかろうか。

　そして、スプーンの使い方を学習する過程で、実際に今まで見えなかったことも見えてくる。例えば、韓国での正式な食べ方は、はしでおかずをつまみ、スプーンではご飯とスープをいただく。そして、スプーン一杯分がちょうど口に入れていい量のスープでありご飯になっている。微妙な匙加減とはよくいったもので、匙一杯分が適量となっており、多くもないし少なくもない塩梅になっている。また、スープを飲む場合には、適度な深さなので、熱いものであれば、適温にさますこともできる。さらに、「スカラ」は、口に

滑らかにあたり、一種おしゃぶり的な効果もかもしだす。このおしゃぶりとスープの味が微妙にからむと、一杯、あるいは一口で、うまさを感じることができる。おまけに、会食であれば、互いにうまそうに食べるのを見ながら食べるので、食欲が増進されるだけでなく、会食自体がより楽しいものになっていく。つまり、会食がコミュニケーションの場となり、スプーンを使うという文化を共有することでそのコミュニケーションがより楽しく、よりよいものになっていくのである。

3．多元的な見方を身につける

　私の場合は仕方なく独習になってしまったが、フィールドワークを実践する文化人類学者は、「スプーンの使い方」のために弟子入りをし、ゼロから文化を学習していく。上述のように、やはり、やってみなければわからないのであり、やりながら、そしてできるようになってから、初めて理解できることがある。特に、身体を直接使って学習することについては、このことは強調しなければならないといえる。

　例えば、現在私は合気道を習っている。そのために、合気道をするための身体とは何かの原理的把握をしたうえで、実際にその身体になれるための稽古が必要となる。原理的把握は、私の場合、吉丸慶雪 2005『合気道極意の秘密』（ベースボール・マガジン社）でおこなった。そして、吉丸氏の団体である合気道練体会の講習を受けて、基本原理に基づく身体所作を実地に指導していただいた。合気道の場合、小手の合気をまずできることが必要であり、そのためには、実地にそれをできる先生から、じかに、体を使って教えてもらわないと、通常、よほどの天才でない限り、習得は難しいといえる。小手の合気習得のためには、合気あげの反復稽古が必要であり、それができるようになれば、次のステップに進むことができる。習得には最初が肝心であり、ここで、正統な方法を習得しなければ、間違った癖がついてしまい、発展性がなくなってしまう。

　合気あげとは、相手に両方の小手をつかんでもらい、その相手は全体重を

そこにかけ、小手を持たれた方は、屈筋で力むことなく、通常の生活では使うことのない伸筋力で静かにあげることを指す。私の場合、一度の講習会で、ある程度の合気あげができるようになった。その後は、私の通っている道場で、合気あげで使う伸筋力を意識しながら、通常の稽古を続けるとともに、日常生活においてもこの伸筋を意識的に使うよう心がけた。この過程で、通常の生活では、いかに、無駄な力を使ってきたかを自覚するとともに、冷静に、かつ合理的に伸筋を使うことで、合気道のみならず生活上の無駄が随分となくなった。ここまでできるようになってからは、次に、伸筋力とそのコントロール力をつけるために、小太刀（木刀）の素振りを始めた。これを続けながら、小手の伸筋は、刀を抜くときに必然的に使うことがわかってきた。つまり、日常的に刀を抜く稽古をしていれば、伸筋のトレーニングになり、小手の合気の習得が可能になるといえる。小太刀の素振りの稽古を続けることで、合気道は剣術の動きがその基本技の原型であることが、言葉ではなく、体のレヴェルでわかったのである。そして、このような身体による学習は、フィールドワークによる学習の基本のひとつであるといえる。なぜならば、この合気道の基本的修練とは、合気道の文化あるいは武道文化の修得を意味するのであり、異文化理解のためには、そこにおける身体性の学習が不可欠であると考えられるからである。

　スプーンの使い方についての事例に戻ると、私の場合、スプーンを使って食べる食事が実際にうまくないならばうまくないと正直に言うところから「異文化」との対話が始まり、うまそうに食べている人々を見て、自分も一度やってみて、それから気の長い習得の過程を経て、やっとうまさが発見できるようになる。その過程は楽しくもあるが、ちょっぴりの努力も必要だといえる。そして、この過程で、自分には未知のことを受け入れられる自信も生まれてくる。世界が広がっていくのを実感できるのはこの上ない喜びであるといえよう。

　ただこのように自分が変わっていくなかで、多元的な見方、考え方を身につければつけるほど、一元的な見方、考え方しかできない人との関わりが難しくなっていく。「ウソをつかない」という鉄則からすれば、周囲に自分を

あわせて、「ウソをつきながら」、日常生活を送らなければならなくなるともいえる。例えば、スープの中にご飯を入れて食べることを「マラソモンヌンダ」と韓国語でいうが、スプーンを使って食べられるようになると、このうまさもわかってくる。しかし、この食べ方は日本では一般的に「はしたない食べ方」になるので、日本式の食べ方をしている人の前ではできないだろう。もちろん、その人が韓国式の食べ方をわかってくれればいいのであるが、へたをすると、「猫ままですか」ということになる。

4．世界に通じるコミュニケーション能力

　見方、考え方の幅が広がれば、それだけ交際できる人々の幅も広がるのであるが、このように幅が広がれば広がるほど、考え方の多様性を容認できない人々との付き合いが難しくなるのも事実だと考えられる。これを倫理的な面から考えると、自分たちの食事作法やしきたりが「当たり前」あるいは「正しい」という基準でしか他者と関わらないのならば、そのような基準では異文化とは付き合えないといえる。なぜならば、お互いの違いを受容あるいは許容できない限り、一元性の強制になってしまうからである。また、そのようになってしまうことさえわかっていない人々とのつきあいは、多元的な思考を身につけた人にとっては苦痛でさえあるだろう。

　倫理的な面だけでなく、現実の日本社会と地球全体の状況を考えると、交通と通信のめまぐるしい発達によって、世界中の人々が様々な形で出会うことは日常茶飯事になっている。特に、日本の場合は、天然資源を外国に頼らざるを得ないのであり、日本以外の国々とのより良い関係が望まれるだけでなく、日本においては人材自体が重要な資源であるので、世界中の人々とコミュニケーション可能な人材が必要不可欠でもある。さらに、今後の人口減少との関係から、労働力の一部を外国からの人々に頼らざるを得ないという事情もあり、多様性の承認は明日の日本社会建設の目標のひとつであるといえる。このような事情と呼応して、日本の高等教育機関において、国際的センスの養成、実践的な国際性の涵養などは、例外なく、その教育の重要目標

のひとつになっている。つまり、フィールドワークによって獲得できる多様な見方、考え方は、倫理面のみならず、現実社会の要請にもなっているのである。

　ところが、多様性の承認を標榜する大学であっても、その内実はそれほど楽観的ではないといえよう。実際に身体で異文化と関わっていない、スローガン中心の「インテリ」などは、かなり面倒な人々であろう。「共生」や、「他者理解」の標語、スローガンを繰り返してはいても、「じゃーニーチャン、あんたこれをこんなふうに食べてうまいかい？」と問われることもないからであるし、問われるべきであるとさえ気づいていないからである。ここで、フーテンの寅さん流にいうと、「おれは、インテリは嫌いだね」と私の本音を言わざるを得なくなる。私のような、大学の「先生」もこのなかに入れられるとすると、自己批判になりかねないが、私は口先だけの「インテリ」にはなりたくない。

　個人的レヴェルで考えた場合、現在の日本においては、多元的あるいは複眼的思考ができるようになると以上のような「不自由さ」も味わわなければならないかもしれないが、それでもスプーンで飲むスープの味と比べると、私にとっては堪えられる苦痛である。しかも、単なる「スプーンの使い方」をこえて、世界中のいろいろな人々とつきあうきっかけにもなるので、これは大変な財産になる。つまり、世にいうところの「国際人」的な感覚を身につけられるのである。

　ここまで論じると、「あれもいい、これもいい」式の一種の「チャンポン人間」を連想される方もいるかもしれないが、私事で恐縮であるが、私が育った家は俗にいう「旧家」で、礼儀作法や立ち振る舞いは厳しく躾けられ、長年空手道も稽古していたので、「和式」のマナーについてもそれなりに学んでいる。実のところ、ある特定の文化におけるマナーをマスターしていることは、他の文化のそれを学ぶ際には有利に働くのである。なぜならば、文化の多様性の前提には普遍的な人間のあり方なり、人間関係のあり方があると考えられるからである。まずは、知らないことは知らないと述べる誠実さと倫理、次に人から何かを学ぶときの謙虚さ、これらは「和式」の礼儀にも

あるが、ほぼ世界中で通用する礼儀でもあろう。もし、これらのベースがなかったならば、「スプーンの使い方」は学べなかったであろう。このようなわけで、その場、その場で態度を変える「チャンポン人間」は、表向きの多様性に振りまわされているだけの人間であり、普遍的な人間についての理念に支えられた文化の多様性を認める人とは異なる。

　実際に多様な作法を習得すると、その場に合った楽しみ方が味わえるので、様々な作法を受け入れられる人間は、多様な場での楽しみを享受できる。加えて、多元的な生き方のできる人間たちとの交流によって、また新たな多元性が創造され、無限のバリエーションのなかで一生を通じて、多様な文化を学習し、受容する楽しみを味わうことができる。つまり、ひとつの作法にある程度習熟すれば、逆に別の作法も受け入れられる基礎がつくられるし、別の作法の実践の過程でその個人の幅が広がるのである。私は、別の作法を認められない硬直した「作法」は、作法とは認めないことにしている。作法とは広義の人と人とのコミュニケーションのためにあるのであるから、別のコミュニケーションの方法を否定することなどあってはならないからである。

5．他者をどう認識するか——寛容性と差別感

　フィールドワークによる学習は身をもってわかるという特色をもっていることが、これまでの記述で明らかにされたと思う。では、このようなフィールドワーク教育を他者認識という観点から考えてみたい。身をもって、異文化認識の方法について了解した人間であるのならば、その力を具体的な生活の場面でどのように使うかについて考えるであろう。そのときに重要だと考えられるのが、他者をどのように認識するのかということであるといえる。なぜならば、身体で実践できる異文化間コミュニケーションは、他者認識があって初めてその効力を発揮できるのであり、事実上他者認識不在のコミュニケーションなどはあり得るとは考えられないからであり、原理的にはこの実践は他者認識のあり方が前提で成り立っているからでもある。

　他者認識のチェックポイントとして次の三点をとりあげる。

①寛容性：われわれは、差異（違い）の網の目のなかに位置づけられており、ここで戯れ、遊ぶことが寛容性である。
②個人の好き、嫌い：個人の好き、嫌いは、違いについての評価によって生まれる。
③差別感：思いこみの同一視と異質観という評価により他者の良し悪しを決めること。

　寛容性をもち、差別感を克服するといえば、誰しも賛成するに違いない。しかし、「同じ自分の子どもでもすべて平等に育てるわけじゃなし、差別があって仕方がないでしょう」といった意見も恐らくあるだろう。「理屈じゃそうかもしれないけれども、世の中理屈どおりにはいかない」という声もあるだろう。「理屈どおりにはいかない」ことを認めたうえで、「理屈」をこねてみよう。「理屈」をこねなければ、学者の商売はあがったりである。そして、教育実践の背景には、気づくか気づかないかは別にして、必ずそれなりの理論あるいは「理屈」があるはずである。これを認めないと、教育活動の意味が問われるだろう。

(1) 差別と寛容性

　人が誰かと関わるとき、その関わり方が相手、関わる状況によって変わることは誰しも認めるところであろう。関わり方の違いがあることを「差別」と呼ぶならば、「差別」はあって当然になる。しかし、関わり方の違い＝差別とするのは、いささか乱暴な考え方だといえる。

　例えば、ある子どもが東京から大阪に転校したとしよう。この子どもと大阪の子どもたちとのコミュニケーションは、東京弁と大阪弁によってなされるが、ここにおいては、別段「差別」は見出すことはできない。ところが、もし大阪の子どもたちが「大阪弁わからん奴は嫌いなんやねん」と言ったとしよう、あるいは「嫌いである」という態度をとったとしよう、これは明らかに差別になる。

　「人間誰しも、好き嫌いはあるから、ある程度は仕方ない」という意見があるかもしれない。しかしながら、ここでよく考える必要がある。「個人の

好き嫌い」と「違いがあること」とはどのように関係するのだろうか？　違いがあるから嫌いになることもあるが、違いがあるから好きになることもあるはずである。論理的に考えると、違いがあること自体が「個人の好き嫌い」には直接結びつかないといえる。では、このような好き嫌いの感情は何によって生まれるのであろうか？

　一言でこれを説明すると、この感情は違いについての評価に関わっていると考えられる。違いについての評価は個人によっても異なるし、社会、文化によっても変わってくる。また、評価とはっきりとした目に見える点数のようなものをイメージしがちかもしれないが、暗黙の評価、見えない評価もあり、一口に評価といっても簡単にわりきれるものではない。はっきりしないからこそ、「感情」、「好き嫌い」といった表現で適当にごまかしもできるといえる。

　前述の例に戻れば、「東京弁で話すんはおもしろいやんけ」という評価があれば、大阪弁と東京弁のおもしろさをお互いに語り合えるし、遊べるのである。これまで論じてきたことに基づけば、フィールドワーク経験者、あるいはフィールドワーク教育を受けた人であれば、このような評価をすると考えられる。このような評価に基づいた態度を寛容性とするならば、寛容性とは差異（違い）のなかで戯れる、遊び感覚だと定義づけることができる。ただ、東京と大阪ぐらいの違いは遊び感覚でおもしろくつき合えても、昨今の「国際化」はそんなものではないとお考えの方も少なくないだろう。では、「国際化」の状況で何が「違いの評価」に関わっているのだろうか？　このことを「違いの評価」の事例として考えてみよう。

(2)　差異（違い）——多様な日本人

　今日の日本での「国際化」は、その中身より言葉が先行しているきらいがあるが、教育現場での「国際化」とは、異なる文化、言語をもつ人々との関わり方を広げるといった意味になろう。これで一応はわかった気になるが、「異なる文化、言語」とは一体何なのかとなると、ことはやっかいになる。

　まず、何と異なるかといえば、言わずと知れた、「日本」あるいは「日本

人」と異なるということになる。では、「日本」、「日本人」とは何かとなると、口ごもってしまうだろう。口ごもらない人もいるかもしれないが、日本近世史、近代史をご存知の方であれば、「日本人」という概念が一般化したのは明治時代、つまり近代以降であり、それ以前は武士階級でも「藩」意識、一般庶民にいたってはムラやまち意識ぐらいしかなかったとされていることは周知のことだろう。江戸時代末期となると、黒船の来航等で武士階級の一部には「日本」という意識が強まっていったが、庶民にまで広がるにはまだ時間がかかった。明治政府樹立、つまり日本列島で初めての近代国民国家成立によって、国民意識＝「日本人」意識が創り出されていったのである。これは具体的には軍事教育、学校教育等を通じて達成されていったが、すぐさま学校教育が一般庶民に受け入れられたわけでもなかったので、「日本人」意識が一般化していくためにはそれなりの時間がかかったと考えられる。明治13年の小学校就学率は41.06％とあるが、これには在籍しているがほとんど出席していない児童も含まれてこの数字であった。これでおわかりのように、当時は学校に行かせる親よりも行かせない親の方がずっと多かったのである（仲新 1981『近代教科書の成立』日本図書センター）。

　長々と論じたが、「日本」、「日本人」が政治的概念であることが理解できたと考えられる。しかし、こう反論する人がいるかもしれない。「意識はなかったかもしれないが、日本にいた限り日本人だったはずだ」。

　しかし、日本列島に居住してきた人々には多様性があり、アイヌ系の人々がいた（いる）し、琉球王国には琉球系の人々がいた（いる）ことがわかる。それに、近代前から中国大陸や朝鮮半島から渡来した人々もいた。そして、これ以上に重要だと考えられることは、「大和民族」だと思っている人々にも多様性があり、現在でも方言で話せばお互いに意思疎通さえできない場合があるという点である。試しに、北海道を除く日本全国どこからでもいい、特急電車で3時間ほど走り、その特急の停車する駅のひとつかふたつ前の駅で降り、そこの市町村に昔から住んでいる老人と話をしてみればいいだろう。方言だけで話されたら、その話の内容すべての理解は困難であろう。このような違いについての評価は、「日本人」という言葉とその考え方によって消

されていると考えられるのである。

　われわれがまとまっていると通常思っている「日本」や「日本人」にも多様性があることがわかった。そうすると、「国際化」とは一応まとまっているとされている「日本」、「日本人」とそれ以外の文化、言語をもった人々との相互の関わり、理解を推進するという意味になるといえる。この場合、「日本」と非「日本」との違いは明確に区別されている。特急電車3時間で違いがあるのであるから、ジェット機で数時間の距離であれば、違いがあるのは当然ということになる。通常、われわれが考える国際理解では、明確な違いが前提にされており、その違いについての、目に見える形であるかどうかは別にして、良い、悪いの評価がなされている。さらに、この違いの基準がどこにあるかといえば、日本語とは全く異なる言語であり、日本文化とは全く異なる文化（風俗、慣習）ということになろう。ここで、再び、振り出しに戻ってしまった。

(3) 差異の連鎖

　ここで立ち止まってみる。そして、今度は鈍行列車に乗ってみよう。20分、30分乗ったぐらいでは、言葉の違いなどはほとんど感じられない。しかし、1時間、2時間経って、気をつけてみると、少しずつではあるが「異なる」言葉が聞こえてくるのがわかる。アクセント、単語などなど、少しずつ変化が見られる。5、6時間経つと、「異文化」の要素がだんだん満ちてくるのがわかる。だんだん少しずつ混ざり合っていくことを差異（違い）の連鎖と表現すれば、この差異の連鎖でわれわれはつながっているといえる。

　日本国内だからこんなことになると思われる方もいらっしゃるかもしれない。しかしながら、国境も人工的に創られた境界であり、古くから、人々は東シナ海、日本海、太平洋を往来していたのである。私が、東シナ海島嶼部研究の一環で、五島列島の宇久島に立ち寄ったとき、漁業関係者から、「海士のなかには、親父は朝鮮には行けんようになったばってん、爺さんな、よう行こったという者がおりますよ。明治になってからは、朝鮮には行きにくうなったとですね」という話を聞いた。こういった口伝は、この海域であれ

ば、現在の日本領や韓国領どちらでも聞くことができる。また、朝鮮人の墓などの考古学的な遺跡や、朝鮮語を地元の方言だと思っている例などを、この海域の五島列島、壱岐島、対馬等において知ることができる。残念なことに、文献資料においてはこのような相互交流の歴史を発見することが困難であり、民衆世界の文字化されていない歴史を知ることによってしか、前近代の人々の交流について知ることはできないといえよう。

　国境線が確定され、本格的出入国管理が始まったのは、明治維新からであった。出入国管理が本格的になるまでは、人々はつながっていたのである。海の向こうとこちらで人がつながって、そして大陸の人々も当然のことながらつながっているのであるから、ジェット機で何時間かかる距離であっても、われわれはつながっているといえる。そうであるならば、人と人との明確な線引きは意味がなくなると考えられる。さらに、ここで付け加えるならば、近年のヨーロッパを中心とした博物館の展示等においては、このような相互交流を継続してきたという歴史観が一般的であり、一国の歴史という見方ははなはだ弱体化している。つまり、ここにおいては社会の現実としてのグローバリゼーションを歴史的な文脈でも確認し、われわれの相互の歴史的関係を展示しているといえる。

　われわれが漠然と「日本人」間には違いがないと前提していたにもかかわらず、その間には差異があり、また「日本人」とは異なる非「日本人」との間には明確な線引きがあると前提していたにもかかわらず、そこには連続性があることがわかった。言い換えれば、われわれは差異の連続性の網の目のなかに位置づけられる。そして、寛容性とはこの差異のなかで戯れ、遊ぶことなのである。なぜならば、次に論じるように、寛容性が成り立つには相互が平等、対等でなければならず、その平等性とは、お互いに遊べる関係だと考えられるからである。この観点から考えれば、差別感とは思いこみの同一視と異質観という評価をもって、他者の良い、悪いを決めることだといえる。

　(4)　差異の連続という網の目のなかでどのような関係をつむぐか

ここで、「考え方はある程度わかったが、それではどうしたらいいのか」という疑問をいだく方もいらっしゃるかもしれない。もちろん、フィールドワーク教育を受けた人であるのならば、これまで受けた教育についての道筋がつけられて、そして、フィールドでの自分の経験が整理できて、「わかった！」と思う方もいらっしゃるかもしれない。しかしながら、学者は机上の空論をはくだけで、実際に役に立つことを何も提議できないとお考えの方もいらっしゃるかもしれない。ところが、もしこの考え方をわかったのならば、「どうしなければならないか」という見方そのものが無意味になるといえる。「どうしなければならないか」とは、有為の、つまり何らかの意図をもった行為を指すが、われわれが差異の連続という網の目のなかに位置づけられていることがわかったならば、有為ということではなく、無為で、つまり意図しない関わりで人とつながりをつむぐことになるはずである。

　よく聞く話で、卒業生の同窓会によばれた教師が、「先生はあのときこうおっしゃった、こうされた。あれが私の心の支えでした」などと言われることがあるそうであるが、当の教師にはほとんど記憶がないことが多いという。普通に、自然に、関わっているので特別の記憶などないのである。逆に、あのときのあの教師の言葉あるいは態度でぐれてしまう子どももいる。子どもの気持ちが伝わらなかっただけでなく、「おまえはこういう人間だ」という決めつけによる教師と生徒間の線引きがおこなわれれば、子どもの方にはつながりを断たれたことで剥奪感と虚無感が訪れる。前者が「ただの人」どうしの遊びの関係であるとすれば、後者は支配と服従の権力関係であると考えられる。

　われわれはつながりの網の目のなかで生きているが、どのような関係をつむぐかは個々人の「構え」によっているので、「ただの人」どうしの関係をつむぐこともできるが、支配と服従の関係をつくることもできる。われわれが知らず知らずにつくりあげているのは、どちらかといえば、実は後者の権力関係の方であると考えられるが、次に述べるように、遊び感覚の関係が成立できないわけではない。

　私は、20歳になってから、日本定住コリアンと交わり、その後、フィー

● 「構え」

　人はその人ひとりでは、人間にはなりえない。人と人とのつながり、関わりで初めて人間になれる。では、関係性（人と人との関わり）が先にあり、個人の生き方は無視されるのかというと、そうではない。関わりによって人間になれるが、どういう関わりをするかは、その人のもつ「構え」によっている。われわれは知らず知らずのうちに、何らかの「構え」を身につけているが、人と人との上下関係、支配と服従の関係のなかで見につく「構え」は、「ただの人」どうしの遊びの関係とはほど遠いことを知らなければならない。人と人との関係（教師と子ども、教師と教師）をつむぎながら、絶えず自らが参加している関係（関わり方）について反省的に考えなければならない。ある関わり方が、自分にとってではなく、他者にとってどういう意味があるかをお互いに考えられれば、「ただの人」間の関わりが開けてくる。つまるところ、人と人との関わり方の原点を身につけることが「異文化」との関わり方の基本であるといえる。

ルドワークも長年続けてきた。このつきあい方を、いま敢えて考えてみると、私と定住コリアンの老人とのつきあいと大学の「偉い先生」とのつきあいに基本的違いがあったとは考えられない。「偉い人」のなかには違いをつけたがる人もいるが、そういう人とはこちらが関わらないので、権威・権力関係の「構え」ができにくかったのかもしれない。支配する側、される側、どちらに分類されるにしても、権力関係の網の目に位置づけられれば、そのなかで自然に「役割習得」を達成し、支配する側あるいはされる側の「演技」を内面化するからである。もちろん、平等な関係は、最初からこのような普通の関係でつきあい始めたかどうかではなく、フィールドワークの過程で、相手との関係において、自分自身の関わり方を再考し、そしてより良い関係を樹立していくなかで達成されていくともいえる。フィールドワークが相手を受け入れる実践と方法であれば、そのような過程が当然のこととしてたちあらわれてくる。身体を使うフィールドワークによって、観念レヴェルで「お話」であったことどもが、実際の人との関わりのあり方としての意味として実感され、自分自身の問題として考えられる契機になるといえる。

　俗に「朱に染まれば紅くなる」というが、実際のところ、私自身が朱に染まっていないと断定することはできず、権力関係にはまった研究になっていないと断定することもできない。ただ、フィールドワークの過程では、「た

だの人」としてのつきあいを志向し、相手の批判にも耳を傾けてきた。さらに、フィールドワークの成果は活字になり、本として市販もされている。フィールドの人々にはこれらの著作等を配り、ご意見を求めてきた。これらの本や論文は、フィールドの人々とその他の人々とのコミュニケーションの道具であり、これを通して、自らの問題点を指摘してもらうべく努力している。もちろん、「これで終わり」などという研究はあり得ないし、ついつい怠け癖が出るのが私も含めた普通の人であるので、この営為は生涯続けるべきことであると考えている。

(5) 人間は人と人との関係で初めて人間になる

　私のつきあいの「構え」は絶えず変化しているが、「構え」の基本は「ただの人」どうしの関係を志向している。ここで「構え」の基本といったが、この言葉に安住し、自分自身および自分の態度を絶対化・固定化することはできない。すでに、〈自分自身〉という考え方が、人と人とのつながりの前に、自我が優越しているという前提によっている。これまで論じてきたように、人間は、人と人との関係、人と人との間で初めて人間になるのである。

　では、権力関係に取り囲まれないで「ただの人」の関係をつくりあげ、維持するにはどうしたらいいのだろうか。宮沢賢治は次のように言っている。「世界がぜんたい幸福にならないうちは個人の幸福はありえない」。これを単なる全体主義と考えてはならないといえる。この場合の「世界」とは、これまでの議論のつながりでいえば、人間の関わり方の網の目であり、「ぜんたい幸福」とは「ただの人」間の「普通の」関係を意味すると考えなければならないだろう。大乗仏教に帰依していた賢治であるのならば、そのように考えることが妥当だろう。私があるのはあなた、そしてあなたたちのおかげであり、お互いのおかげで私が私に為り得ているのである。まず、この発想を共有することから、「ただの人」の関係がお互いにつむげるのではなかろうか。

(「5. 他者をどう認識するか」は、**原尻英樹** 1996「**寛容性・差別観**」『**教職研修十月増刊号：国際化時代に求められる資質・能力と指導**』が初出である。)

11章　フィールドワーク教育成功の秘訣

1．大学で学ぶということ

　大学入学直後の初期導入教育で、選択必修の「文化人類学概論」を教え始めて5年が過ぎようとしている。毎年、毎年、授業内容と授業方法を模索しているが、学生に伝えなければならないことのひとつ、そしてそれさえ了解してくれれば、他の授業目的は、ある意味ではどうにでもなると考えられるそのひとつは、「高校までの受験勉強と大学の学問は質的に異なるので、その学び方については、ゼロから学ぶ必要がある」ということである。この「質的に異なる」ということを学生が認められるようになるには、相当な時間がかかると見ていい。この実例は、ある学生の答案として第Ⅲ部にも書かれているが、学生がわかるようになる契機として、やはり何らかの直接体験がその効力を発揮する。

　(1)　直接体験
　学生にとって、これまでの認識方法では全く理解できないことを実際にその目で見せられれば、認識方法として質的に異なることがあるという実例になる。そこで、「10章　3．多元的な見方を身につける」で書いた、合気あげを学生の前で実演して、学生の常識ではありえないことを見せることにした。結果としては、かなりいい反応が見られた。昨今の学生の反応として、①即効性を求める、②短絡的、③劇的刺激に反応しやすい、これらをあげることができる。つまり、自ら考える前に感覚で反応してしまうのである。「全体重をかけて、力いっぱい、こちらの両手をもってください」、「では、これから腕をあげます」といって、傍で見ていると、力を入れることなく楽々と腕をあげるのを見せつけられれば、「自分の認識方法では理解できな

いことがある」と認めざるを得なくなる。もちろん、屈筋に力を入れなくとも、伸筋は働いており、それによって、腕があがっているのであるが、このような事態を学生はほとんど誰ひとりとして経験していないので、「自分の力では認識できない」ことを認めざるを得なくなるといえる。

大学教育の場面でここまでしなければならない理由は、読者の方々もお気づきのように、日本における高校までの学校教育では、人の話を聞く場合、「この人は何の目的で、なぜ、そしてどういう意味でこのことを語っているのか」などについて、考えなくとも、学校では「健全に」生活できるからである。実際のところ、「考えること」の経験が希薄であるといえるので、大学においては「考えること」とは何か、そしてそれをどのように実践したらいいかについて教育しなければならない。

大学教育を実践している私の立場では、学生の現状を知り、それに基づいて教育プランをたて、実践する。その実践に対する学生の反応を分析し、再び、プランをたてなおす、この連続である。大半の読者もお気づきのように、この教育プランニングの際に、フィールドワーク教育は、かなりの実効性をもつと考えられる。なぜならば、フィールドワーク教育は学生による直接体験と自らの新たな経験を提供するからである。

合気あげの実演についての話に戻ると、この実演の次に、「みなさんどうしてこんなことができるのでしょう?」とまず学生に問いかける。それから、これができた原理について説明し、「適切な指導者について、適切な指導を受ければ、誰でもできるようになる」と語り、合気あげに協力してくれた学生に、実地でどのようにやるかの指導をする。「肩の力を抜いて、小手と指先だけに力を入れます」、「屈筋に力を入れないで下さい。腕を後ろに引かないで下さい。パッと手を開いて、その勢いで小手を上にあげます」と学生の小手を持って語る。「そうです。その要領です。今あげた感覚をおぼえてください。小手を持っている方が、最初はそれほど力を入れずに持ち、それから徐々に力を入れるようにして、稽古をしていきます」と続ける。そして、最後に、「適切な指導者というのは、自分自身で技ができる人をいいます。技のできる人に直接指導をしてもらわないと技を習得することはできませ

ん」と語り、この実演を終了する。

(2) 守破離(しゅはり)

この実演のあと、何人かの学生に感想を求め、次に、「学び方の原理は、『守破離』が基本です。『守』とは、技のできる先生の技とその前提にある考え方と方法を徹底的に修得することを意味します。それを貫徹できれば、先生の問題点も見えてくるはずです。その時点で、自らの自立と個性を発揮するために、先生のレヴェルをこえようとします。それが『破』です。つぎに、『破』の悪戦苦闘の結果、自らの技とその前提になる考え方に達します。それが『離』です」と説明する。「この『守破離』とは、日本において武道や茶道などで使われてきた考え方ですが、古今東西、人間が何かを修得する一般的な過程ということができます。例えば、よほどの天才でない限り、『離』から始まることはありえません。自分自身は、誰から何も教えられなくとも自分独自の原理を把握している（『離』）。ちょっと、他人の考えでも参考に聞いてやろうか（『守』）、もうすでに私は、こんな人々の考えはこえている（『破』）、『離守破』、このような過程は通常ありえないといえます」。次に、「『守破離』とは、個性がどのように生まれるかの過程の説明にもなっています。個性というと、皆さんは小学校以来、個性が重要だと教えられてきたと思いますが、このようなスローガンではなく、実際に個性を発揮できるようになるには『守破離』の過程を経て、初めて自分の個性がつくられていくということが重要だと考えられます」と続けて、説明を終わり、質問を受けつける。

(3) 学問の体系性

さらに、「本日の私の講義内容についてですが、これは私が個人的に考えたことを皆さんにお話しているのではありません。これまでの、先行・先例研究を系統的にまとめて、それに基づいて話を組み立てています。正直なところ、私自身の考察、考え方などは、よほどのことがないかぎり、授業ではお話いたしません。いま私が話していることさえ、例えば、マックス・ウェ

ーバーの『職業としての学問』という本を下敷きにしています。もちろん、特定個人の受け売りをすることも慎まなければなりません。あくまで、妥当性、論理性による、系統だった整理が必要です。また、この系統性というのは、学問の体系とも言い換えることができます。言葉自体はおなじみでしょうが、学問の体系性とは、例えば、特定の学問領域に限定すると、その学問を成立させてきた学説とそれらの学説のもとになっている考え方の体系を意味します。たまたまこんな考え方もあっただとか、ある人はこんなことを考えたとか、そういうことは体系性にはなりません。このような学問的手続きによる話と、皆さんがこれまで日常的におこなってきた『意見を述べる』こととは質的に異なることは理解できると思います」と付け加えて、再び質問を受けつけ、授業を終了する。

2．実践の秘訣

　第Ⅱ部、第Ⅲ部のフィールドワーク教育の実践と以上の大学教育の実践内容は、フィールドワーク教育をおこなおうとする人々にとって何らかの具体的発想を与えることができると信じるが、フィールドワーク教育実践の秘訣という立場から、これまでの記述・考察を整理してみよう。

　(1)　フィールドワークの経験
　まず、フィールドワーク教育の担い手、つまり教員についてである。いかにすばらしいプログラムがあろうが、教育のための環境整備がされていようが、ある水準以上の教員がいなければ、よりよい教育は実践できない。特に、フィールドワーク教育の場合、学生のみならず、現地の人々との直接的コンタクト、直接交渉が必要となるので、通常の授業科目と比べると、教員の役割がより重要になる。例えば、合気道や空手道を教えるのに、まったくこれらの経験のない人が教えることは想像できようか。全く経験のない人が合気道や空手道を教えたり、あるいはこれらについての本を読んで、その内容に基づいて教えたりすることなど、あり得ることではないだろう。実際に技が

できて、その技の前提の原理を把握している人のみが教える資格のある人だといえる。同様のことはフィールドワーク教育にもいえる。理想的には、「守破離」で考えれば、「離」のレヴェルに達している教師が望ましいはずであって、本格的フィールドワークの経験がない人がフィールドワーク教育を実践するということは、本来的にはあってはならないことだといえる。

　フィールドワーク教育を実際に担える人とは、理想的には、全体的アプローチに基づく長期のフィールドワーク経験をもち、それによる民族誌（エスノグラフィー）を発表している（つまりこれに基づく論文や著作がある）文化人類学者だと考えられる。しかしながら、現実の大学教育の現場を考えると、このような理想的な人材だけでフィールドワーク教育をおこなうことは、一部の大学を除けば、ほとんど不可能であろう。次に、理想的とはいえないが、フィールドワーク教育を実践する可能性がある教員とは、学問分野を問わず、人々の日常生活について取材、観察、インタビューをおこなったことがあり、それに基づく論文を発表したことのある教員であると考えられる。このような教員であれば、どこの大学でもある程度はいるに違いない。

3．教育プログラムの作成

　しかしながら、これらの教員が直ちにフィールドワーク教育を始めるというのはかなりの冒険になってしまう可能性があるので、フィールドワーク教育実践のための準備が必要になる。つまり、フィールドワーク教育を現実的に運営・実践するためには、上記の条件を満たす教員を対象とした、フィールドワーク教育のための教育プログラムが必要である。そして、このプログラムを実行する教員として、フィールドワーク経験をもつ文化人類学者が必要になる。もし、このような人材がいない大学ならば、フィールドワークを長年続け、そしてフィールドワーク教育の経験もある文化人類学者にアドバイスを求めるか、あるいは、日本文化人類学会（http://wwwsoc.nii.ac.jp/jse/）に問い合わせて、しかるべき文化人類学者を紹介してもらうのも一法であろう。また、できれば単なるアドバイスではなく、企画・運営、それに次に記

述しているような実地指導も依頼することが望ましいといえる。やはり、実力のある人による指導がなければ、人材育成もできないはずであり、考え抜かれた計画であったとしても、最も大事なところ、つまり人材養成でつまずけば、より良い教育効果は望めない。このような方策をとらなければ、せっかくのフィールドワーク教育が、学生にとって、単なる体験学習レヴェルの教育効果しか期待できない場合になる可能性さえあろう。

　次にこのプログラムであるが、これは本書の第Ⅱ、Ⅲ部に書かれてある学生のためのフィールドワーク教育プログラムを基本的に踏襲すればいいといえよう。つまり、一週間という期間ではなくとも、ある程度の実習期間が必要であり、これを通じてフィールドワーカーとしての自覚と、フィールドワーク教育を実践する教育者としての責任感を参加者全員に共有してもらうようにはからう。これが、このプログラムの教育目的であり、フィールドワーク教育を通して、教師自らもコミュニケーション能力を高め、学生とともに成長していくという基本的認識をもてるようにする。

　フィールドワーク教育の担い手についてある程度準備が整えられれば、フィールドワーク教育の準備はかなり進んだといえようが、次には具体的なプログラムについて準備しなければならない。もちろん、このプログラム作成についても教員養成プログラムのなかに組み入れておく必要があり、教員養成プログラムとフィールドワーク教育プログラムは別物にしてはいけない。なぜならば、前述のようにフィールドワーク教育の具体的プログラムについて考えることによって、担当教員の自覚、やる気、そしてプログラム実践者としての責任感を身につけられるからである。

　このプログラムを作成するにあたって、①フィールドワーク教育の意義を学生にどのように説明するのか、②各々の教員が担当する学生数、③学年と学期の決定、④成績評価の方法、⑤今後の学習との関連づけ、これらは基本事項として考える必要があろう。これらは基本中の基本であると考えられるので、以下、その内容について説明することにする。

　まず、①フィールドワーク教育の意義を学生にどのように説明するのか、であるが、このプログラムの教育目的を学生にわかりやすく説明する必要が

ある。教育目的の説明には、いろいろなことが可能であるが、学生の将来に関わることに関連づけると、学生の方は関心をもちやすいといえる。そのためには、卒業後の職業生活において、よくいわれている「他者とのコミュニケーション能力を身につけること」が強く要請されていることについて説明する。そして、その際、経済団体、企業、その他の研究団体の資料を使い、関連情報を伝達する。なぜならば、実際に企業側がそのような人材を必要としていることを知っている、そして理解できている学生はかなり限定されているのであり、また、確たる証拠なしに、そのような「未知の世界」についての話をされても、容易には信じてくれない可能性があるからである。

　次に、このコミュニケーション能力についての懇切丁寧な解説も必要である。コミュニケーション能力といえば、外国語、特に英語で外国人と話ができることなどという理解の仕方が一般的である。また、日本語で他者と話をすることであると理解されると、それはすでにできているなどと思われてしまうこともある。コミュニケーションとは、広義のより良い人間関係づくりであり、身近な人とはもとより、まったくの見ず知らずの他人とも、そのような関係をつくれる能力を指すという説明をするために、例えば、映画、テレビ番組、そして著作などを事例として活用する必要がある。なぜならば、学生が普通に了解している日常的なコミュニケーションは、単なる情報交換がその大半を占めており、「人生を語る」、「他者の人生を理解する」、「生き方を学ぶ」等の具体的経験が乏しいと考えられるからである。この点は、自己愛（ナルシシズム）傾向が強くなっている現代においては、「自分はすでに完成している」と「普通に」思っている若者が、その程度の差こそあれ、かなりいることを念頭に入れておく必要がある。

　次の、②各々の教員が担当する学生数は、フィールドワーク教育を円滑に実践し、より良い教育効果をあげるためには、かなり重要な項目である。フィールドワーク実習そのもの、それから教員との相互作用（インターラクション）の現場においては、教員1人につき、どんなに多くても、学生数は12、3人までに限定する必要がある。特に、初期導入教育としてフィールドワーク教育を実践する場合には、この数がより重要である。この数は、学生と教

師が、「私とあなたの関係」を維持していくうえでの数であり、これによって、学生と教師との信頼関係がつくれるのみならず、学生にとってみれば、自分のことを親身に考えてくれる先生がいることにもなる。

　ただ、授業の最初の説明会や学生による発表会などの場合は、必ずしもこの数が維持される必要はない。前者の場合は、匿名性のレヴェルで教員の話を聞いても、それなりの効果はある。ただし、その後の個人的な学生—教員関係においては、その説明会の話題、内容についてお互いにオープンに話をして、内容理解をすることが重要であって、匿名性のレヴェルで、フィールドワーク教育の意味について考えるだけでは、教育効果が薄れてしまう。後者の場合は、グループ間の競争意識も生まれるために、かえって「他流試合」をすることで、グループ内の連帯感と教員との信頼関係が強化されることがある。円滑な運営とより良い教育効果のためには、フィールドワーク教育担当教員相互の連絡が必要であり、それなしには、ある程度の数の学生が、いちどに、複数の教員によってフィールドワーク教育を受ける意義が薄れてしまうといえる。この教員間の相互連絡、相互議論を経て、特定の場面における人数調整に意味をもたせることができる。

　③学年と学期の決定は、各大学、各学部等のカリキュラムとの関係で基本的には決定される事項であるが、今日の学生と大学環境を見る限りにおいては、初期導入教育のなかにフィールドワーク教育を位置づけることが望ましい。学生にとってみると、直接的に体験する日本社会の現実と、それによる経験の過程は、新鮮に映り、また、それを素直に受け入れられる自分自身がいれば、それらの経験を通して自信をもつこともできる。初期導入教育の重要教育目的のひとつが、それから４年間の学生生活が有意義になることであるのだから、フィールドワーク教育は、「鉄は熱いうちに打て」の格言どおりに、新入生に対するそれが望ましいといえる。初期導入教育のフィールドワーク教育で、個々の学生によって学業に対する方針が決められ、学び方の基本的手法が習得されれば、その後の教育がスムーズに運営できるようになるので、この時期における教育を重点化することで、かえって教員の実質的負担を減らすことができる。

また、開講する学期を前学期か後学期かにするかは別にして、学生が夏休みか冬休みを、個人学習期間として活用できるようにすることで、長期休暇期間を通して、学生個々人が「自分を磨く」ことができる。自分自身で学習し、考える習慣づくりに夏休み、冬休みを活用し、自分自身の問題関心に従って合理的な学習計画をつくることも学ぶことができる。これは、自立性に基づいた自律性を獲得できると言い換えることもできる。
　初期導入教育以外でもフィールドワーク教育は活用できると考えられる。ただ、学年があがればあがるほど、ある特定の専門性が高くなるだろう。つまり、これは教養教育というよりも、専門教育の一環としてフィールドワーク教育を実施するということになろう。文化人類学の専門教育の事例は第Ⅱ部でも紹介しているが、フィールドワーク教育といった場合、特定の学問分野に限定される必要はなく、フィールドワークの基本的技法を学びながら、特定専門分野におけるフィールドワークについて学ぶことは可能である。ここでいう基本的技法とは、これまで再三再四、論じている全体的アプローチなどのフィールドワーク技法の古典的遺産として考えられることどもである。学生にとっては、自分たちの将来に開かれた教育を受けることが望ましいのであって、特定分野だけでしか使われていない技法に限定されていることは、その方向に反するといえるからである。これは、教員の研修プログラムがそのように設定されていて、また文化人類学者がそのプログラマーや中心的リーダーであれば、実行可能なことであると考えられる。
　④成績評価の方法については、当然のことながら、通常の授業での試験などは、成績評価の方法として好ましくない。これでは、フィールドワークでの経験によって何が学べたかについて十分に知ることができないだけでなく、学生個々人の自分なりに考えたことを表現するのが極めて困難な評価の仕方になるからである。フィールドワーク教育の場合、(a)フィールドワーク教育参加の意欲と平常点、(b)フィールドでのコミュニケーション能力開発、(c)フィールドデータの文字化能力、発表能力、これらの三者を成績評価の基準にすることが望ましいと考えられる。(a)は、フィールドワークについての基本的知識をどれだけ習得できたのか、そして学習態度はどれだけまじめで

あったのか、ということであり、いわばこれは基本点になる。(b)は、フィールドという現場でどのようなコミュニケーションを展開し、どれだけ現場の状況に参加し、そして理解を深めたのかということであり、発表という形式以前のフィールドにおける生のコミュニケーション能力開発の度合いである。(c)は、フィールドデータを第三者にわかるように発表する能力であり、フィールドでのコミュニケーションとは別のまとめる力のことを意味する。

これら三者の比重の置き方は、それぞれのフィールドワークのプログラムで標準化すればいいと考えられるが、(b)については、フィールドでどのような経験をしたのか、それについてどのように自分が考えたのかなどの文字化される以前の学生の口頭発表や教員とのインターラクション、フィールドでの現地の人々との関わり方などについての教員の観察などによることになる。できれば、これについての比重を最も重要視することが望ましいのではなかろうか。大学においては、とかく報告結果だけが重視される傾向があるが、発表能力が未だ不十分であっても、フィールドでのコミュニケーション能力が開発されているのならば、学生にとってのフィールドワーク教育はかなり成功しているといえるからである。実は、この点は、次の、⑤今後の学習との関連づけと関係していると考えられる。

⑤今後の学習との関連づけは、フィールドワーク教育の成果をその後の学習に関連づけて、その教育成果を大学教育全般に展開させることを意味する。もちろん、これは基本的カリキュラムとの関連で実現可能なことであって、カリキュラムとの関連なしには実現できることではないといえる。言い換えれば、フィールドワーク教育を基本的カリキュラムの核にすえることで、カリキュラムの意義づけができる。これまでの大学教育においては、他者とのコミュニケーション能力などは、実質的なカリキュラムに組み込まれていたとは考えにくいのであって、語学能力がそれに入れられてきたといえよう。実のところ、単なる日本語能力だけでは不十分であり、フィールド現場での言語のみならず実践的認識能力一般、他者との共感力、自己省察能力などを大学教育において開発する必要があると考えられる。

フィールドワーク教育がカリキュラムに組み込まれた場合を想定すれば、

学生にとってみると、大学で学習することと、フィールド現場の現実がどのように関わるのかという基本的発想を、フィールドワーク教育以後はもつと考えられるので、専門教育においては現場との関係が重視される必要がある。具体的には、まず、文科系の専門教育に限定すると、法律、経済などの社会科学系ならば、現場との関係が重視されて当然なので、別段、説明する必要はないだろう。人文科学系ならば、例えば、西洋史であっても、中世のフランスの民衆はどのような生活をしていたのかという基本的発想で、歴史事象を考えることになる。学問的にも、特にアナール学派以後は、民衆史についての関心が高まっており、このような発想で歴史を考えることが一般的にもなっている。ここにおいて、民衆の生活という一般的概念で歴史を考えることと、フランス中世の民衆という特定の時代の特定の場所に限定されているローカルな歴史事象を考えることの二つの視点が導入されることになり、普遍性と個別性という人文科学の基本的命題について考えることができるようになるだけでなく、日本の中世や現代の日本の民衆との比較の観点ももちえることになる。

　人文科学以上に専門分化が著しい、理科系分野においては、ともすれば、何のための研究かという基本命題から離れてしまう傾向があるが、フィールドワーク教育以後は、現場で生活する人間の生活という観点から、自分の専門について再考する機会が訪れることになる。これは、工学系であれば、工場という現場、消費者が何かのモノを使う現場について考えるという基本的発想のもとに、モノについて考えることを意味するので、つまり、人間の具体的生活とモノとの関係について考える発想をもてるようになるので、フィールドワーク教育の有用性があるといえる。農学部系、医学部系については、説明する必要もなかろう。理学部系については、理学という人間が作り出した世界と、人間の生活との関係を問うことになり、理学の世界の限定性について再考できるだけでなく、前述のように、何のための物理学か、化学か、生物学かなどの根本問題への基本的関心を育成することができるようになる。そしてこのことは、オーム事件以来問題になった、「木を見て、森を観ない」いわゆるオタク人間の問題克服につながると考えられる。

これまで論じたように、フィールドワーク教育は大学教育でこれまで不十分であった点を補うだけでなく、実際の社会、あるいは現場と大学をつなげる役割を果たすと考えられる。そして、これは大学教育のみならず、高校までの学校教育においても同様のことがいえるのではないだろうか。フィールドワーク教育、そのもとにある文化人類学の基礎教育が高校までの学校教育で具体化すれば、より良い学校教育が実現されるに違いない。

付録　フィールドワーク・レポート

　この付録には、2001年度の妻良でのフィールドワーク（3年生向けの専門科目「民族誌実習」）に基づく井谷晋弥の論考と、2004年度の1年生向けの「フィールドワーク基礎演習」で提出してもらった東原初夏のレポートを掲載している。読者は、これらの論考・レポートを読むことでフィールドワーク教育の内容とその成果についてより良く理解できるに違いない。因みに、井谷は卒業論文で壱岐島の宗教について書き上げ、その後大学院に進学し、現在、日本の旧植民地パラオについての修士論文作成中である。東原は、2年生から文化人類学専攻の学生になった。

盆行事の過程

井谷　晋弥

　まえがき
　1．調査概要
　2．盆行事とは何か
　3．妻良における盆行事
　　3.1．施餓鬼
　　3.2．盆棚
　　3.3．棚行
　　3.4．墓参り
　　3.5．盆踊り
　　3.6．精霊送り
　4．結論
　　4.1．儀礼としての盆行事の意味
　　4.2．共同体にとっての盆行事の意味
　5．今後の課題
　あとがき

まえがき

　今回の調査のテーマを決定するにあたり、1本のビデオテープを発見した。それは、『妻良の盆踊』というものである。妻良の盆踊りは静岡県無形民俗文化財に指定されていて、観光用のパンフレットにもこの土地の名物として記載されているほどのものであった。私はこの盆踊りをテーマにしようと考え、早速ビデオを見た。ところが、見終わったあとの私の興味は盆踊りのみにとどまるものではなかった。このビデオは、盆踊りを中心に盆行事の全般を取り扱っていたのだが、妻良で行われているような盆行事は、私はまったく見たことのないものであったからである。私がこれまでに経験してきた盆は、墓掃除をして、墓参りをして、仏壇に線香をあげる、といった簡素なものであり、これがすべてであると思っていたため、ビデオの内容はある種のカルチャーショックを与えるものであった。このようなことから、私は、妻良の盆行事の過程を具体的、かつ詳細に調べ、そして、そこに見られる人々の盆行事に対する意識を通して、妻良において盆行事がどのような意味を持っているかを明らかにしたいと考えた。

1．調査概要

　調査地である妻良は、伊豆半島の最南端にある南伊豆町の西部に位置する。人口は約300人、海から山へと続く斜面にある小さな漁村である。ここには、江戸時代

には上方と江戸を行き来する船の風待ち港として多くの人が立ち寄り、海路の宿場町として発達したという歴史がある。漁業を主生業としていることには今も昔も変わりなく、また農業も行われている。つまり半農半漁の漁村が妻良である。家々がひしめき合って建つ中に数多くの民宿が存在する。波静かな妻良の海に訪れるたくさんの海水浴客、釣人、ダイバーは、これらの民宿で新鮮な海の幸を味わうことができる。さらに毎年愛知県や岐阜県などから修学旅行生を積極的に受け入れている。

調査は6月11日から17日までの1週間行った。序盤に調査参加者全員で老人会の会合に参加して、老人会の人々と話をする機会を持ち、また妻良の郷土史家から話を聞いた。次に、盆行事のひとつひとつがどのようなものであるのかについて、主に年長者の方々から話を伺った。調査を終えたのち、そのときの資料を検討し、また文献等により盆行事についてくわしく調べ直したうえで、盆の期間中（8月9日～8月17日）に再び妻良に赴いた。このときは、インフォーマントのFさん（女性81歳）の家や民宿Sにお世話になりつつ、盆行事の実際の過程について参与観察しながら、主にFさんの話を中心に聞いた。Fさんのほかにもたくさんの人に話を聞いたが、どの人もこちらの質問に快く応じてくれた。

2．盆行事とは何か

『仏教民俗辞典』（仏教民俗学会編 1986）、および『仏教儀礼辞典』（藤井編 1977）によると、「盆行事」は、正式には盂蘭盆といい、7月13日から16日までの4日間に、祖先の霊を迎えて祭る行事である。もとは陰暦7月に行われていたものであり、これを今日では旧盆という。旧盆が行われる地方はしだいに少なくなり、かわって陽暦の7月、または8月の「月遅れの盆」（8月13日～16日）が行われている。地方によっては9月の最初に行うところもある。妻良の盆は月遅れの盆である。8月のこの期間は「お盆休み」となっていて、毎年帰省ラッシュが起こっていることを考えれば、全国的に月遅れの盆が一般的になっているものと言えるだろう。

盂蘭盆という名称は、梵語のullambanaを語源としている。中国の唐の時代の仏教経典『玄応音義』に、盂蘭盆とは烏藍婆拏（ウランバナ）の訛った言葉であり、訳して倒懸というとある。倒懸とは逆さにつるされることを意味し、この苦しみを救う行事であるために、この名がある。盆が仏教行事であることは周知の通りであるが、その根拠として『盂蘭盆経』というものがある。釈迦の弟子の目連は、死んだ母親が六道のひとつである餓鬼道で苦しんでいることを知る。それを救うために釈迦に教えを願ったところ、自恣の日（7月15日）に飲食物を僧に供養すれば父母だけでなく先祖の苦しみまで救うことができると教えた。これが盆の始まりであるとされている。日本には7世紀ごろに伝えられ、はじめは公の行事、平安朝になってからは貴族の家々の行事ともなった。しかし、今日行われているような形式、とくに先祖の霊を迎えるというニュアンスはなかった。

表1　妻良における盆行事の過程

月　日	行　事
7月1日	施餓鬼（良泉寺）
8月10日	〃　　（善福寺）
8月12日	盆棚作り
8月13日	棚行
	墓参り
8月15日	盆踊り
8月16日	精霊送り

　高谷（1995：278）によると、日本民族のあいだには古くから先祖の霊を祀る民間習俗があり、それと先祖を祀るという点で共通した要素を持つ仏教の盂蘭盆とが習合した結果生まれたものが現在の盆であり、これが現在の通説であるという。民間の行事として全国的に行われるようになった盆は、土地によって種々に変化し、また様々な風習をつくり出すこととなった。

3．妻良における盆行事

　この章では、妻良で行われている盆行事の一連の過程を見てゆく。表1にその過程を示した。

3.1.　施餓鬼

　施餓鬼と呼ばれる儀礼は、一般に次のような起源が知られている。すなわち、仏弟子の阿難という人が餓鬼の世界に引き込まれそうになったため、免れる方法を釈迦に問うたところ、蛇羅尼を授け、これを唱えて餓鬼に飲食を供養すれば厄を免れると教えたというものである。本来この儀礼は盂蘭盆とは別のものであったのだが、施食や救苦といった部分が類似していることから両者は混じり合ってしまい、盆の時期に一緒に行われるようになった。現在では、これは唯一、寺で行われる盆行事となっている（高谷1995：52）。

　妻良には2つの寺がある。曹洞宗の良泉寺と、真言宗の善福寺である。妻良の人たちは山側を上、海側を下として、前者を「上の寺」、後者を「下の寺」と呼んでいる。8月10日に善福寺で施餓鬼が行われた。施餓鬼とはどのようなものかという質問に対して、誰もが「先祖供養」と答えた。

　8月10日の午後1時から善福寺にて行われた施餓鬼は次のようなものであった。参加者はまずお布施をし、その代わりに寺から護符（お菓子）をもらう。ここまでして帰る人が少なからずいる。儀礼に参加したのは15〜16人であり、ほとんどが年配の女性であった。檀家の数が90前後であることからすると参加者はかなり少ないといってよい。

隣に座っていた女性にこのことについて聞いてみると、「この時期は観光客が多く、特に民宿をやっている家は忙しいから」とのことであった。実際に私が妻良にいた盆行事の期間中は、たくさんの観光客を目にした。どこの民宿も客でいっぱいだったようである。また、観光客だけでなく、帰省してきた人もたくさんおり、この時期は民宿でなくとも比較的忙しいと言える。

一般に施餓鬼棚と呼ばれているものは、善福寺では本堂の中央に作られていた。階段状に3段になっており、床から1段目までの高さは約1メートル、果物や酒、花が供えてあり、四隅には仏教用語の書かれた短冊をつるした笹竹（まるで七夕のよう）と、施餓鬼幡といわれる五如来の名が書かれた五色（青黄赤白紫）の幡がつけてある。棚の左右には檀家の卒塔婆が並べて立ててある。棚の前で住職がお経をあげ、その間に参加者が1人1人棚に焼香をする。お経には、供養するような言葉とともに、檀家の名（屋号）を読みあげる言葉が含まれていた。約1時間で儀礼は終了した。

良泉寺における施餓鬼は7月1日に行われたため、実際に見ることはできなかったが、良泉寺の檀家であるFさんにそのときの話を聞くことができた。良泉寺の施餓鬼は、善福寺のものと同じように、お布施をして、代わりに護符をもらう。こちらの護符はお札のようなもので、Fさんはこれを持ち帰った後、自宅の仏壇脇の壁に貼っていた。施餓鬼棚が作られ、善福寺とその内容もほぼ同じだと思われるが、ふたつの寺の違いといえば良泉寺の施餓鬼には南伊豆の曹洞宗の寺の住職が5人ほど来ることであろう。

良泉寺でもお布施だけして帰る人がいたそうだ。参加者の数は約30人とのことであり、やはり多いとはいえない。7月1日は観光シーズンにしては早すぎるし、妻良に帰省する人もあまりいない。いないから忙しくないはずなのに、施餓鬼の参加者は少ない。何か、別の理由があるはずである。つまり、善福寺の施餓鬼において8月の忙しいといわれる時期に参加者が少なかったことも、忙しいことのみがその理由であったとは言い切れない。むしろ、盆行事における寺との関係の希薄さがここに反映されているのではないか。言い換えれば、施餓鬼という行事は、あえてほかの予定を変更してまで寺に足を運ぶほど、盆行事において重要なものとはとらえられていないと考えられる。

3.2. 盆棚

8月12日に各家々で盆棚を作る。これを作る慣習は岐阜県の私の実家にはまったくないため、とても興味深いものであった。

Fさんの家の盆棚には、材料にタケ・ダイズ・インゲン・ホオズキ・トウモロコシ・サツマイモ・サトイモ（の葉）・ゴマ（植物の状態）・ケンモン・エビゴヅル・そうめんが使用された。ほとんどは農作物であり、たいていは家で栽培したものを使う。畑を持っていない家では、人からもらったり買ったりする。しかし、ケンモ

写真1　盆棚

ンとエビゴヅルはそれらとは異なる。ケンモンとは和名をクサスギカズラ（漢名は天門冬）といい、海岸沿いに生育する野生の植物である。エビゴヅルは和名は不明であるが、おそらくヤマブドウか、エビヅルというブドウ科の植物であろう。これは山に生育するもので、茎はつる状に伸び、葉は3ヶ所が角ばっているほぼ円形のもので、裏側は白もしくは茶色で、薄く細かい毛がはえている。多くの人は盆棚を作る前にこれらを採集しておく。なかにはこれらを畑で作っている人もいる。Fさんは自分の畑でケンモンを栽培している人の1人であり、盆棚を作る前に畑に採りに行った。ケンモンとエビゴヅルは盆棚を作る上で必要不可欠なものとされている。

　盆棚を作る手順は、長さ70～80センチメートルのタケにケンモンとエビゴヅルを巻きつけ、タケの真ん中にホオズキをひもでしばりつける。それから、農作物を左右対称に、長いものほど外側になるようにタケにつるす。最後にそうめんを、ホオズキにかぶらない位置につけて完成である（写真1）。これを仏壇の前に掛ける。仏壇の上に引っ掛ける金具があり、そこに掛けられるようにしてあるのだが、これはどの家にも共通している。

　Fさんの家の近所で老人会会長を務めるOさんの家の盆棚は、タケの横棒の両端に縦棒をつけたタイプで、そうめんはつけていなかった。田んぼがあったころは、稲を根から引っこ抜いてつるしたという。このような微細な違いはあるものの、使用する農作物等はどの家でもほとんど同じであった。

　盆棚にはどのような意味があるのかと質問したところ、「見た目からして仏様の門ではないか」といった答えや、「畑で採れた作物をご先祖様に報告することだ」とする人がいた。次に、農作物ではないケンモンをつかう意味をたずねると、「昔から使っているから」という答えがほとんどであり、その由来を知っている人はい

なかった。「ケンモンのモンは門ではないか」または「昔から飾りつけとして使っていたのではないか」といった意見も聞かれた。

　盆棚作りと並行して、ナス馬が作られ、仏壇に置かれる。ナスを丸々1個使って1匹とする家と、半分に切ったものを1匹とする家とがある。足はカヤの茎や竹を使う。Fさんはカヤの葉を切って餌にみたてて置いていた。共通して耳にしたことは、「仏様はキュウリの馬に乗って急いでやってきて、ナスの牛に乗ってゆっくり帰るのだ」ということである。そうであるならばナスは牛のはずなのだが、話を聞いた人はみんなこれをナス馬と呼んでいた。キュウリの馬は見ることができず、作らないとのことだった。

　盆棚作りは実際にやってみると思った以上に手間隙のかかる作業である。最近では盆棚を作らず、農作物だけを仏壇に供えるという人もいる。Fさんは、「盆棚を作れば盆を終えたようなものだ」といった。

3.3. 棚行

　8月13日には、寺の住職が各々の檀家をまわる棚行が行われる。

　この日の朝、Fさんは団子を作って仏壇に供えた。10個の団子をピラミッド状に積んだものを2セット置き、4個の団子を同じように積んだものを1セットその下の段に置いた。下の段の団子はどういうものかを聞いたところ、「無縁さんにお供えするものだ」と言われた。「無縁さん」とは無縁仏のことである。無縁仏とは祀り手のいない霊のことで、妻良の人々もそう解していた。「誰にも祀ってもらえないのはかわいそうだから」とFさんは言っていた。Fさんのような行為をする人は少なく、そもそも団子を作ることが珍しくなっているようだ。多くの人が市販のすでに積んである形をした団子状のものを使っていた。

　以前はお盆の期間に決まった食べ物を作って供える習慣があったという。Fさんの話では、その食べ物とは饅頭や赤飯などで、この日もそれらを作っていた。民宿Sでは、忙しいため今ではこれを行わず、代わりにその日の食事を仏壇に供えていた。これをする人はいなくなってきているとのことであった。

　一般に盆入りは13日の昼からであるが、良泉寺の住職によると、「この日（13日）のうちに檀家を全部まわらなければならないために朝から棚行をしている」とのことであった。棚行と呼ばれる行事そのものは、住職が盆棚の掛けられた仏壇に向かってお経を読むものであった。仏壇の前には、水を入れた容器が置かれ、水の上に植物の葉が浮かべてある。これはどの家にも用意されるものであり、水向けをするためのものである。水向けとは、浮かべてある葉を使って水を振りかける行為であり、住職は仏壇や自分自身に水をかけていた。葉は、一般にシキミ（樒、妻良ではシキビと呼んでいる）を使うが、妻良ではほかに、シキミに似たアクシバ（アコシバとも呼ばれる。和名不明）や、モコ（和名不明）と呼ばれる植物が使われている。特にアクシバは神聖なものとされており、仏壇や墓のほか神棚にも供えられ

る。アクシバは山に自生しているものだが、なかなか見つからないそうで、最近では畑で作っている人もいる。また、花屋や行商が売りに来ることもあるという。

3.4. 墓参り

　8月13日の午後3時ごろに墓参りにいった。妻良の人々にとって墓参りとは、「ご先祖様をお迎えに行く」という意味を持っている。一般に、盆には霊を迎えるために迎え火という玄関先で火をたく（門火）儀式があるが、妻良においては昔からこれは行われていないという。しかし、立岩地区など、妻良の人々が「山家（やまが）」と呼ぶ山側の地域では行っていると聞いた。Fさんの近所に住んでいるKさんは、山家の地域の出身であり、墓もそちらにある。この日の夕方にKさんは玄関の前でおがらを焚いていた。おがらとは皮をはいだアサの茎で、一般に盆の迎え火、送り火に燃やすものである。Fさんも、結婚して妻良に来る前は差田という地区に住んでいたのだが、そこでは、玄関先で線香をまとめて石で固定して焚いたことがあったという。

　墓参りをするにあたって、墓へ行くには特定の道を通らなければならない。この道を本道という。これは各家に必ずあるもので、家の位置によってそれぞれに異なる。Fさんの家の本道は、墓までの最短距離よりも少し遠回りであった。盆のときだけでなく、葬式のときにも本道を通るという。このことから、本道とは霊の通り道のようなものではないかと考えられる。

　墓には線香と花を持っていった。これらは一般的なものであるが、それらに加えてアクシバを墓に供える人が多い。寺についたらバケツを借りて水を汲み、持って行く。水は墓にかけるほか、水向け（前述）をするのに使う。墓には手前部分にくぼみがついているものがあり、そこに水を浸してアクシバの葉を使って水向けをする。この行為にどのような意味があるのかという質問をすると、「ご先祖様に水を飲ませるためだ」とFさんは言った。

　自分の家の墓参りを済ませたFさんは、もう1ヶ所の墓を参った。「1ヶ所」と書いたのは、墓石が複数であるからである。誰の墓なのかを尋ねたところ、それは無縁仏のための墓であった。無縁仏の墓はこの場所のほかにもあり、善福寺にもあるという。

　墓参りを終えると、帰り道も本道を通らなければならない。

　墓参りもまた、Fさんが盆行事のなかで大変なことのひとつにあげたものであった。墓参りのどこが大変なのか。それは、墓が急な山の斜面の途中にあるという地理的な問題による。妻良の墓はふたつの寺の近くにそれぞれ建っているのがほとんどであるが、良泉寺の裏の墓地にあるFさんの家の墓は、山を半分ほど登ったところにある。たとえるならば、ビルの階段を2階まで上るくらいだ。水の入ったバケツなどを持って登るのは、私にとってもつらいものであった。年配者であればなおさらであろう。

3.5. 盆踊り

　妻良の盆踊りは冒頭で紹介したとおり、静岡県の無形民俗文化財に指定されている。盆踊りが行われる8月15日は、いつものような静かな雰囲気からは想像できないほどに妻良が活気付く日となる。

　妻良の盆踊りの起源には諸説があるが、なかでも有力なのが江戸歌舞伎の下座役者であった藤池助右衛門（1808～1879）という人によって伝えられたというものである。現在の松崎町出身の助右衛門は江戸から帰郷した際に妻良の女性のところに婿入りし、以後は妻良の人々に盆踊り唄や踊りのほか、祭囃子や三番叟を教えた。また、彼の指導は近隣の地区にも及んでおり、対岸の子浦でも同じような盆踊りや三番叟が残っている。良泉寺に「遊学良芸信士」という戒名が刻まれた墓が残っており、昭和59年（1984）に子孫によって良泉寺の境内に記念碑が建てられた。Fさんは、この藤池助右衛門の子孫にあたる。

　盆踊りは昭和46年（1971）に発足した保存会と、「妻若（メワカ）」と呼ばれる若衆によって運営される。妻若とは、以前は25歳以下の男性から成っていたが、人手不足の影響から今では30～35歳以下の男性から組織されている集団である。本報告書において矢野がとりあげているように、現在これは実質的に消防団をかねている。盆踊りにおいて、彼らは準備段階でも本番当日でも中心的な役割を担っている。

　盆踊りは前浜と呼ばれる海に面した砂浜で行われる。「明治のころまでは、2つの寺の境内で年ごとに交互に行われていたが、風待ちの停泊船の船方たちも踊に加わることから、前浜で踊るようになった。」と『妻良風土記』（村田編 1982：73）にはある。場所が移動した要因としては、参加者が増えたことによって寺の境内で催すには混雑するようになり、妻良の中では最も広いスペースのある前浜に移動したとも考えられるが、それよりも、観光的な側面から、もっと後年になってから移動したものと推測できる。

　14日の早朝に、妻若のメンバーが15～16人で前浜に櫓を組み立て、15日の早朝に飾り付けが行われる。櫓から張り渡したロープに大漁旗がいくつも吊るされるほか、櫓の周りに笹を立てて囲みこむようにそれらを紐で結んでゆき、1ヶ所にのみ入り口を作る。

　盆踊りが始まる前には、人々は妻若に祝儀を持ってゆく。これは盆踊りを開くことへの感謝の意味が含まれている。祝儀をもらった証として、道路沿いに立てられた木の壁に「～様」と名前（屋号）の書かれた紙が貼られる。盆踊りが始まる午後7時30分には、前浜からそこを見下ろす道路にかけて見物客でいっぱいになっていた。率直に言うと、普段は静かな集落である妻良でこれほどの人を見るとは思わなかった。Fさんは、今年は例年に比べて人が多いほうだと言っていた。このようなにぎやかな雰囲気のなかで盆踊りは始まった。

　櫓の上には「妻若」と背中にかかれた浴衣を着た人々が乗り込む。大太鼓1人、

小太鼓1人、笛4人、三味線3人と、音頭取り3人、7〜8人の四方の柱にしがみつく者たちからなる囃し方の囃しが始まるのにあわせて、笹の門の前で待っていた女性たちが踊りだす。彼女たちはそろいの浴衣と花笠を身につけ、子供たちはそれぞれに色とりどりの浴衣を着ている。踊りの最中には「イヤトウ　イヤトウ　ヨイサ　ヨイサ」という囃しが入るが、これにあわせて櫓の上の柱にしがみついている妻若の人たちは柱を大きく揺り動かす。

　伝統的な踊りは30分を一区切りとして、3回行われる。1回終わるごとに、次に行われるまでのあいだに現代風の踊りがはいる。これは10〜15年前に外部の人に作ってもらった踊りであるとのことであった。音楽はスピーカーからテープを流すため、このあいだは櫓の上にいる人々の休憩時間ともなっていた。伝統的な踊りは基本的に女性のみが踊るものであると聞いていたが、男性でも踊っている人はいる。また、観光客と思しき人たちも踊りの輪のなかに加わっていた。妻良の人が踊っているのを横目で見ながらおぼつかない手つきで踊っていたが、その様子を見ていて、この踊りがそれほど簡単に覚えることができるものではないことがわかった。最後の3回目の伝統的な踊りの時には、櫓の上にいる妻若のうち柱にしがみついていた何人かが、櫓の屋根によじ登って大声で囃し柱を力強く揺り動かすのも見られた。たいへんな盛り上がりのなか盆踊りは終わる。

　盆踊りの終了後に、花火大会が行われる。防波堤から打ち上げられるため、非常に近くから大きな花火を見ることができる。

3.6. 精霊送り

　8月16日には、精霊送りが行われる。早朝に、各々の家で仏壇の前に掛けていた盆棚を降ろし、供えていたものを茣蓙や新聞で包む。これを仏壇に供えていた花やアクシバ、団子、水向けの器と一緒に前浜に持ってゆくのである。このとき、Fさんは家から線香を焚いて持っていったのだが、これは霊を送るための送り火のようなものとも考えられる。前浜に着いたら、盆棚に使った農作物などは一ヶ所にまとめて集めているところに持ってゆく。花やアクシバは砂の上に立て、団子を置き、陸側に水向けの器を置く。持ってきた線香をそこに立て、ここでも水向けをしてから拝む。これらは海の方向に向かって行われる。各家が同じことをするため、砂浜にはこれらが一直線に並ぶことになる。この後、昔ならばこれらは浜から海に流したとのことであるが、最近では防波堤が建てられて波が穏やかになっているほか、海が汚れるという理由から、ゴミとして係の人に回収されることになっている。

　この日の夕方には、灯籠が流される。人が亡くなると、その家ではその年から3年間の盆は、新盆となる。新盆の家では、亡くなった人のために灯籠を作らなければならない。灯籠とは木で枠組みを作り、提灯を吊るしたものである。木の部分は大工に作ってもらい、提灯は各自で購入する。灯籠には花や果物、団子が供えられ、線香やろうそくを立てる。そして、寺から戒名をもらってきて一緒に置いておく。

灯籠は、縁側に置くか、縁側の上から吊るすかする。8月1日から31日まで出しておかれ、その間は火を絶やしてはならないものとされる。灯籠を出している家では、この間、仏壇よりも先に灯籠に参らなければならない。

　新盆をむかえて3年目の家は、この8月16日の夕方に灯籠を海に流すことになっている。妻良の人たちは「灯籠流し」とも言っている。海に流す理由を聞くと、「海の向こうに仏様の世界がある」といったものから、「普通は川に流すのだろうけど、ないから海に」といった答えが返ってきた。これは先祖のいる世界が海のかなたにある西方浄土であるという仏教観念から来たものであると考えられる。それを示す例として、長崎の灯籠流しにおいて、タケやムギワラなどで船を作り、それにろうそくや線香を立て、供物を乗せて海に流すのであるが、その船の白紙で作られた帆には極楽丸、西方丸といった船号が書かれる（藤井編1977）。

　この日灯籠を流す家では、まず、午前9時に念仏を読むことになっている。念仏を読むのは、同じ隣組（近所の家々で組織される集団。一組はおおよそ5軒から10軒で構成される）に属している家の年配者の役割である。Fさんは念仏を読む人の1人であり、この日も同じ隣組で商店を営んでいるKさんの家で、Fさんを含め3人が念仏を読んだ。念仏は寺とは関係のないものであるが、仏教のお経にある言葉も含まれている。新しく覚える人は、知っている人のところで念仏の文句を書き写したり、読み方を教えてもらったりしなければならない。この念仏はこのほかに、灯籠を出す8月1日と片付ける8月31日、春と秋の彼岸のとき、および一周忌のときなどに読まれる。特に彼岸のときは隣組の家を何日かかけてまわるそうだ。Fさんの場合、時には頼まれてほかの隣組のところに行くこともあるという。

　午後4時ごろになると、前浜に妻良の人々がぞくぞくと集まってくる。砂浜の中ほどには台が置かれていた。今年は5つの灯籠が流されることになっており、少ないほうだとのことだった。誰の灯籠が流されるのかを、来ているほとんどの人が把握しているのに驚かされた。砂浜の台の上に5つの灯籠が並べられると、人々は灯籠に線香をあげ、参る。その後、良泉寺からは2人、善福寺からは1人の住職が来て、一緒にお経が読み上げられる。その周りで人々は手を合わせている。ほとんどは親族であろうが、中にはそうではない人も混じっている。Fさんにこのことを聞くと、「妻良は小さなところだから、みんな親戚みたいなもの」なのだそうだ。

　読経が終わると、灯籠は家族の手によってそれぞれ港に運ばれる。以前は、浜での儀礼が終わり次第、そのまま海に流していたのだが、先に述べたように、防波堤ができたため波は穏やかになり流すことができなくなってしまった。そのため、船で防波堤を越えて沖まで運び、そこから流すことになったという。港には船が1艘待っていた。船を出すのは総代という寺の役員を務める人の役割である。灯籠を乗せた船が沖に向けて出港するとき、そこにいる人々はみな手を合わせて拝む。この精霊送りが終わったとき、妻良の盆行事のすべてが終わるのである。

4．結論
4.1．儀礼としての盆行事の意味

　妻良の盆行事の中には妻良ならではの特徴がある。例えば、妻良で作られる盆棚には、供えられるもののなかに一般の盆棚には用いられないものが入っている。一般に盆棚に供えられるものは農作物が主であり、農耕儀礼的な要素を見出すことができる。しかし妻良の盆棚においては、明らかに農耕に由来しないものがふたつある。それは、ケンモンとエビゾヅルである。これらがなぜ使われるようになったのか、今現在の妻良の人々に聞いても誰もがわからず、「昔から使っているから」という答えが返ってくるばかりであった。このことについて考えてみる。

　エビゾヅルは、ヤマブドウの一種であり、小さな丸い実は黒く熟すると食べることができる。おそらく、今ほど豊富に食料がない時代には食用として利用されており、農作物と同じものと見なされたため盆棚に使うようになったといえよう。時が流れるにつれ食べることはなくなったが、盆棚に使う慣習だけは残ったものと考えられる。

　ケンモンについては、そもそもこの呼び名の意味からしてわからなかったが、私はクサスギカズラの漢名である「天門冬(テンモンドウ)」が訛って「ケンモン」といわれるようになったものと推測する。ケンモンは、根の部分が薬用（鎮咳、利尿、解熱、強壮など）、または食用（砂糖漬け）として利用することができ（木村監修 1988）、これもエビゾヅルと同じような経緯をたどったとも考えられる。

　だが、ケンモンについては、むしろその生育地に着目することによって、さらなる解釈が可能である。

　ヴィクター・ターナーによれば、彼の象徴論の特色として、儀礼における境界性を重視している。この境界性の概念をターナーはファン・ヘネップの通過儀礼から引き出している。ターナーは、通過儀礼、すなわち「移行儀礼」が分離、周縁、再統合というはっきりと区切られた3つの段階から成り立っているとする。分離の局面では個人あるいは集団が社会構造のなかに定められた文化条件または状態から離脱する。中間の境界の時期は儀礼の主人公（通過者、境界人）はどっちつかずの曖昧な状態になる。そこでは主人公が象徴に富んだ境域を通り抜けて行く。そして最後に、再統合の段階でふたたび社会構造のなかへ統合される。「境界」はひとつの移行状態であり、この状態において人々は「どっちつかず」となり、日常的な事象や社会構造は見えなくなる。儀礼はこのような境界状況の中で、その存在意義があるのである。

　ターナーはその主著である『儀礼の過程』（1969）の中で、中央アフリカのンデンブ族が行っている儀礼を研究しているが、ンデンブ族における成人儀礼や首長の任命式儀礼といった通過儀礼だけでなく、イソマという「女の儀礼」や「祖先の霊あるいは亡霊の儀礼」という分類項目に入る儀礼もこの三段階構造を持っていることを指摘し、これを儀礼一般における基本構造として提示したのである。

妻良に話をもどそう。妻良では精霊送りにおいて灯籠を海に流す。ここに端的に示されていることは、「海＝死者（先祖）の世界」という概念だと考えられる。精霊送りという儀礼の目的が死者の霊を死者の世界へ送り出すことにあるとするならば、ここで死者を表象するメタファー（隠喩）としてとらえうる灯籠を流す（送りとどける）場として位置づけられる海は、死者の世界であるといってよい。海が死者の世界として意識されてきたことは、例えば、妻良でもかつては8月16日に海で泳ぐと、仏様に足を引っぱられてしまうといって、泳ぐことを避けていたことがあったということにも現れている。一方、海に対して陸地は、生きている人間が暮らす生者の世界である。盆の期間は、本来死者の世界にいるはずの祖先の霊を家に迎える、すなわち生者の世界と死者の世界がつながり、死者と生者が混在する期間であるといえる。このことは、7月1日を釜蓋朔日（カマブタサクジツ？）といって「地獄の口明け」とし、地獄から亡者が出てくる日とされることからも裏付けられる。

　ケンモンが生育しているのは海岸沿いであり、そこは死者の世界と生者の世界の境界に位置する。ケンモンはこの境界を象徴する植物としてとらえることができるのである。

　ケンモンに着眼することによって、妻良の盆行事をターナーが提示した三段階構造に当てはめてみよう。死と生の境界を象徴するケンモンを家に持ち帰り盆棚に使用することで日常の世界から分離し、祖先の霊が人間の住む生の世界に来るという曖昧な状態、つまり境界の時期になる。そして、精霊送りによって海岸で祖先の霊を死者の世界に送ることで、ふたたび元の安定した世界に戻るのである。このように妻良の盆行事も、その境界性に着目することで一般理論に当てはめて解釈できるのである。

4.2. 共同体にとっての盆行事の意味

　私は盆を個人的なものととらえていた。しかし、妻良の盆行事を見てその認識は変わった。盆は各家で祖先霊を迎えるという点から見れば個々のものであるが、妻良においてはそれが妻良全体としてひとつのまとまりとなっているのである。みんなが同じ物を使って同じものを作り出し、同じ時に同じ行為をする。この同時性または同所性が、「ひとつのまとまり」を強く感じさせたのである。

　今回、私とは異なるテーマで調査を進めた者の報告においても、その多くが結果として導きだしているのは、妻良における共同体の結びつきの強さである。その結びつきの強さが、まさに灯籠流しのときに顕著に現れるものととらえうる。死者の霊を送るのは家族や親族によって個々で行われているが、実際にはそれだけにとどまらない。みんなが浜に出てくることによって、死者の霊は、家族や親族の一員としてだけではなく、妻良の一員として、地域住民全体に送られているのである。妻良における盆行事は、ただ祖先供養という側面だけでなく、共同体の結びつきを表

出し、改めてそれを認識できる機会を提供する儀礼として、この社会に存在し続けているのである。

5．今後の課題

今回の報告書の結論において、私は象徴論を用いて妻良の盆行事を分析している。しかし、私は自身が用いた方法について疑問をもった。この問題を乗り越えるために、自身の方法論を検討してみることにする。

第一に、儀礼というものは日常生活に対する特殊な状況であるということを認識する必要がある。民俗学では、儀礼が行われる日を「ハレの日」とし、この時間を、残りの日々つまり「ケの日」とは異なるものとしている。調査者による「主観的」な象徴解釈を避けるためには、象徴性が被調査者の世界観などから導き出されるようなものでなければならない。世界観は、日常生活を調査研究することによって見えてくるものである。したがって、今回の私の調査のように「ハレの日」だけを見るのではなく、「ケの日」を基盤としてある「ハレの日」としてとらえなければならない。

第二に、儀礼を空間枠・時間枠という観念のなかに位置づけるべきである。例えば、海について言えば、私は「海＝死者の世界」として、ケガレの空間としかみなしていない。しかし、『ケガレ』（波平 1985）によると、場合によっては海が清浄な空間とされることがある。下田市の須崎地区における神社の祭礼のときには、清めを目的として神輿を担いだまま海に入ってゆくといった例が見られる。海は、人間の生活空間と人間以外のものが支配する空間の境界にある周縁的空間であり、背後に「異界」をもっている。このような中間的な空間であるため、上記のように両義的意味を持つといえる。これは、空間枠・時間枠という構造の中のひとつのカテゴリーとして海をとらえることによって言えることであり、海を海という実体としてとらえると、私のように一義的な解釈しかできない。つまり、象徴性を考えるにあたって、対象を、実体的でなく構造的にとらえなければならない[1]。

以上の2点を今後の課題としていきたい。

あとがき

私にとって、合計2週間以上にもおよぶ妻良での調査の日々は、今までにない経験に満ちていた。フィールドワークには、普段の生活ではなかなか味わうのことのできないものがあることがわかった。非日常の生活に入り込んで、自分と異なった世代の人々と話ができたことは、とてもよい勉強になったと思う。

妻良の人々はみな温かく、気さくに話しかけてくれるため、人見知りしがちな私はとてもうれしかった。忙しいにもかかわらず、快く話をしてくれた皆さんに感謝したい。同時に、今回の私の調査・報告が、妻良の皆さんにとって盆行事を改めて見つめなおす機会となれば幸いである。

最後に、盆という忙しい期間に1週間以上も面倒をみてくださったFさんには、大変感謝している。ものを知らないため、同じようなことを何回も聞いたりするなど、多々煩わせたことだろう。Fさんがいなければ今回の調査は難航を極めたと思う。深くお礼を申し上げたい。

注
(1) 構造的にとらえるとは、分類される対象自体に意味を持たせるのではなく、関係性によって対象の意味が決定するという考え方のことを言う。

参考文献
井村朱里　2000「須崎の夏祭り」『平成12年度民族誌実習調査報告書　静岡県下田市・須崎地区』pp.77-86, 静岡：静岡大学人文学部社会学科文化人類学研究室
木村陽二郎監修　1988『図説草木辞苑』東京：柏書房
ターナー, V. 1976『儀礼の過程』冨倉光雄訳, 東京：思索社
高谷重夫　1995『盆行事の民俗学的研究』東京：岩田書院
波平恵美子　1985『ケガレ』東京：東京堂出版
藤井正雄編　1977『仏教儀礼辞典』東京：東京堂出版
仏教民俗学会編　1986『仏教民俗辞典』東京：新人物往来社
牧野富太郎　1961『新日本植物圖鑑』東京：北隆館
村田徳平編　1982『妻良風土記』松崎町：文寿堂

東大谷の漁業とお不動さん

東原　初夏

序
1．漁業と元漁師Eさんの半生
　1.1．東大谷における漁業の状況
　1.2．漁業との関わりという観点から見た元漁師Eさんの半生
2．漁業とお不動さんの関連
　2.1．魚のお供え
　2.2．御札
3．漁業における信仰、儀式
　3.1．大瀬参り
　3.2．海の神様たちとお不動さんの役割
　3.3．船霊様
　3.4．禁忌
　3.5．進水式
　3.6．その他の行事、儀式
4．結論

序

　東大谷の人々、特に若い世代の人たちのお不動さんに対する信仰は薄れてきており、また、新しくこの地に移り住んできた人々や近隣の新興住宅地に暮らす人々に関しては、お不動さんへの信仰心は最初から持っていないということが多い。だが、そのような中で私たちは、「お不動さんは自分にとって尊い存在だ」と言って現在でもお不動さんに対する信仰心を持ち続け、よくお参りにも行くという一人の男性（以下、Eさんとする）に出会った。Eさんはなぜ、今もお不動さんを信仰しているのだろうか。この地域では昔から漁業が行われていたということ、その漁業とお不動さんには深い関連があるということから、私たちは、Eさんが以前漁師であったということに何か理由があるのではないかと考えた。ここでは、漁業とお不動さんの関連、漁業における様々な信仰、儀式などのいくつかの事例を見ていく中で、Eさんがなぜ現在でもお不動さんに対する信仰心を持ち続けているのか考えてみたい。

1．漁業と元漁師Eさんの半生

　漁業とお不動さんの関連、漁業における信仰、儀式などの事例を見ていく前にまず、東大谷の漁業について述べ、次にEさんのこれまでの人生を、漁業との関わりという観点から考察する。

1.1. 東大谷における漁業の状況

　海に面した集落である東大谷では、昔から磯網（地引網）、刺し網などを中心として漁業が営まれてきた。『大谷の里』（伊東　1990：29）には、東大谷と同様に昔から漁業が行われていた西大谷も含めた大谷地区全体で、昭和6年（1931）の海産物の漁獲高はいわし21t、さば3t、あじ1tであり、漁船は36隻、また西大谷には造船所があったという記録が残っている。また、特に高度経済成長前はしらすの最盛期があったという。ただし、漁師を専門として漁だけで生計を立てている人はほとんどおらず、半農半漁という形が一般的であったという。『海の暮らしと祭り』（諸田　1977：107）によると、海辺の集落といえども漁業生産だけに支えられた村はまれで、農耕生活をはじめ、他の生業をあわせおこなっていることが一般的である。近世においては、そのような半農半漁の村が漁村の支配的な形態であったとあることから、この東大谷の地域も例外ではなかったと考えられる。

　現在は、若い世代で漁師の仕事を継ぐ人がおらず漁業に従事する人々の高齢化が進んだために、漁を行う人の数が減ってきているということや、漁獲量の減少といった問題があげられる。これは、海水の汚れが原因の一つなのではないかとEさんは語っていた。また、昔は存在していた広い砂浜が海岸侵食によってなくなり今はテトラポットを入れているため、昔行っていた磯網は、現在は網が引けない状況なので行えないという。

1.2. 漁業との関わりという観点から見た元漁師Eさんの半生

　Eさんは以前漁師であった方で、昭和3年（1928）生まれ、現在76歳の男性である。現在暮らしている東大谷の家で生まれ、育った。曽祖父の代からすでに漁業に従事しており、父親は半農半漁という生活を送っていた。10歳頃までには見よう見まねで櫓の漕ぎ方を覚え、海で遊んでいた。

　20歳頃になると実際に海で漁をするようになり、夏ならば朝の3時頃起きて、刺し網漁でかます、あじ、きすなどをとっていた。そして、日が昇る少し前には浜へあがり、磯網によってしらすやいわしなどをとっていたという。また、塩うちといって砂浜へ塩水をまき、干上がってできた塩をかき寄せるという塩とりも行っていた。終戦直後は、長野、山梨、群馬などまで行って、その塩と米を交換していたという。これも終戦直後の話であるが、物不足で肥料がなかった頃、網えび（小えび）やいわしを砂浜にまいて干すことで肥料を作り、出来上がったものを百姓が作る米と交換していたという。

　その後、一般の会社へ勤めに出るようになるが、サラリーマンをしながらも、日曜日や祭日は船を出して漁をしていた。40歳頃には、商売として釣り客を船に乗せて海へ出ることも始めた。バブル崩壊前の景気の良い時だったので、平日でも有給休暇をとって東京や名古屋から釣りに来る人もおり、お客さんも多かったという。

64歳で会社を退職し、それ以降は、波さえ良ければ海へ出て漁をするという生活であった。現在はもう船は手放したが、漁師仲間に誘われれば時々釣りに出かけるという。

2．漁業とお不動さんの関連

東大谷の漁業とお不動さんの関連を、具体的な例を通して見ていく。

2.1．魚のお供え

東大谷では大漁の時、たも（竹・木などの骨組みに網を張った小型のすくい網で、水中の魚類をすくうのに用いる。「たも網」の略。）へとれた魚を一杯くらい入れて、若い衆（だいたい20歳前後）が2人で1つずつかつぎ、氏神様（お不動さんの近くにある八坂神社）とお不動さんの所まで持って行って魚をお供えしていた。お供えに行く時は、掛け声をかけながらその場所までかけ上がったというが、それを聞いた近所の人たちがばけつや入れ物などを持って集まり、お供えした魚をもらって家まで持ち帰っていたという。だが、現在ではそのようなことは行われなくなった。Eさんの話によると、お供えするほどたくさんの量の魚がとれなくなったからだという。この漁獲量の減少については、1.1.の中で述べた通りである。

2.2．御札

お不動さんの御札には、魔除けや海上安全を祈願するといった意味があり、Eさんはそれを船の中へ祀っていた。「それはやはり御利益があるのですか」と質問したところ、「御利益がないとは言えないね、やっぱりあることはあるんじゃないかな。いつも、大きなけがも事故もせずに漁から帰って来てたからね」というお話であった。

3．漁業における信仰、儀式

次に、東大谷の漁業に関する、お不動さん以外の信仰や儀式などを見ていく。なお、その際、『民族誌実習調査報告書　静岡県南伊豆町妻良』（静岡大学人文学部社会学科　文化人類学研究室　2001）の中の、先例研究である「社会の変化と信仰の変化」（鈴木）を参考にし、妻良（めら）で見受けられる漁業に関する信仰や儀式などが東大谷でも見られるのかという点から、いくつかの事例をあげてみたい。

3.1．大瀬参り

海の神様をお祀りした大瀬神社という神社が沼津にあり、毎年4月4日、大漁と航海の安全を祈る大瀬船祭りが行われる。Eさんは船に乗っていた頃、毎年この日は船に大漁旗を立てて大瀬神社までお参りに行き、御札をもらって、それをお不動さんの御札と一緒に船の中へ祀っていた。その大瀬船祭りの日は、いろいろな所か

ら船が集まってきてかなりにぎやかなのだという。

3.2. 海の神様たちとお不動さんの役割

ここで、ある3つの神様、竜神さん、弁財天、えびすさんについて簡単に述べる。竜神さんと弁財天は海の神様であり、えびすさんは商売の神様であると共に漁業関係の御利益もあるとされている。妻良では、竜神さんと弁財天に関しては、現在は特にお祭りなどはないものの一応祠があり、えびすさんは神棚に飾られ祠もあり、お祭りも行われている。だが東大谷においては、これらの神様は祀られておらず特別なお祭りなどもないという。Eさんの話によると、「結局、お不動さんがあるから竜神さんも弁財天もえびすさんもお祀りしていないのではないか、お不動さんがそれらの神様の代わりになっているのではないか」ということであった。

3.3. 船霊様（ふなだまさま）

船霊様とは、船の守り神、あるいは魂のようなもので、1t以上の船には大体おかれており、船大工さんが御神体を作る。御神体は、男女2体の人形と五穀、お金2枚ぐらい、さらに船主の妻の髪が納められており、機関場や船長室などに置かれている。『民族誌実習調査報告書　静岡県南伊豆町妻良』（静岡大学人文学部社会学科　文化人類学研究室　2001：117）この船霊様は、御神体として納められているものが若干地域によって異なるものの、船の守り神として漁船の中に祀られているという例は全国各地に見られることが、文献を読んで分かった。だが、東大谷では、船霊様をお祀りするということはしていない。3.1.で述べたように、船の中にはお不動さんの御札と大瀬神社の御札をお祀りしているので、船霊様をお祀りするということは特にしていないという。

3.4. 禁忌

妻良では、刃物を海に落とすことは「漁を断ち切られる」と言って忌み嫌われている。これは東大谷においても同様で、Eさんも「刃物は海に落とすな」ということを父親によく言われた、と語っていた。

食べ物に関する禁忌としては、梅干があげられる。妻良では、「種が天神さんの顔のように見え、天神さんを粗末にするといけない」ということで、梅干は漁に持って行かないほうがいい食べ物とされているという。東大谷でも、梅干の禁忌が見られる。ここでは、漁に出る時に持っていく、おにぎりの中に入れる梅干は必ず種をぬくのだという。Eさんによると、その理由は妻良で言われている理由とほぼ同じであるという。また、東大谷ではたくあんの切り方にも禁忌が存在する。東大谷の漁師の家では、たくあんを食べる際、一般的に見られる短冊状のような細く食べやすい形に切ることを嫌う。例えば、横の長さと同じくらいの幅をとって切っていくというように、要するにぶつ切りにしてたくあんを食べるのだ。これには、これ

から先もずっと長く漁を続けることができますように、という願いが込められているのだという。

妻良では、原則的に女性は船に乗せなかったという。これには3.3.で述べた船霊様が関係しているのではないかと考えられる。『海の暮らしと祭り』（諸田1977：116）によると、船霊様は女神であり「女」であるため、船に女が1人で乗ることを禁忌とするのは全国的に見てかなり多い。女が船に乗るのは船霊様が嫉妬するからいけない、と信じられているのだ。東大谷では、女性は船に乗せないということは特にないというが、女性に釣竿をまたがせないということがある。女性が竿をまたぐと、魚があまりとれなくなると言われているからだという。

3.5. 進水式

進水式とは、新しく造った船を初めて海に入れる時に行われる儀式のことである。東大谷の隣の西大谷には昔、造船所があった。そして、10年あるいは20年に1度の割合ぐらいで新しい船が造られ、進水式も行われていた。ここでは、昔東大谷周辺の地域で行われていた進水式の様子について、簡単に述べる。

頭に手ぬぐいをまき、ふんどし姿の男性や男の子たちが俵をかついで、新しい船の船主の家を出る。俵の中には紅白の餅が入っている。俵をかついだ人たちは、「めでためでたの若松さんよ……」と木やり音頭を歌いながら、列をなして浜へ向かう。浜へ到着すると、新しい船の上から俵の中の餅を浜にいる人々に向かって投げる投げ餅が行われ、これには大勢の人々が集まったという。また、新しい船の片側に何人かが乗って、その船を一回転させるというようなことも行われていた。

3.6. その他の行事、儀式

1月1日の朝は、ひしゃくに潮花（海水）と白石を3つ入れて、それに松葉を浸し神棚にふりかける。

東大谷では年が明けて初めて船に乗って海へ出ることを初漁というのだが、これは1月2日にあたる。初漁の日に行うことは各漁師の家によって異なるのだが、Eさんの家では、毎年この日は刺し網漁を行っていたという。そして、とれた魚はきれいに洗い、お頭付きで家の神棚にお供えした。

1月20日には船祝いというものが行われ、家で餅をつきそれを船にお供えする。

また、妻良では、不漁が続くとお神酒で船を清めたりお宮にお参りに行ったりする。しかしEさんは、不漁が続いても何も特別なことはしないと語っていた。不漁が続くとお宮にお参りに行くというよりはむしろ、普段からお不動さんにお参りに行っていたという。

4．結論

以上見てきたように、漁業には禁忌、行事や儀式などを含めた様々な信仰が存在

しており、これらのうちの1つとしてEさんのお不動さんに対する信仰心が現れているのではないか、というのが結論である。この結論の内容に関わることの参考として、以下に『海と島のくらし』（田中、小島 2002：191）から一部を引用する。

「多くの漁民は、日々、『板子一枚下は地獄』の世界に生きてきた。同時に、漁撈が自然相手の採集活動であるからには、いかに潮流や瀬の状態、気象、魚群の習性などを熟知した経験豊かな漁民も、豊漁・不漁に一種の時の定め的な思いを抱き、そのような不確実な世界のなかに生きてきたのである。船内に無線装置が備えられ、精度のよい魚群探知器が開発されても、漁撈が海上での採集活動である以上、身の危険と漁の当たりはずれからはなかなか解放されるものではない。したがって、安全と豊漁を、どうしても超人間的・超自然的な霊格すなわち神に頼ろうという気持ちになるのは、やむをえないことといわねばならない。このような心性は、農民や商人、山林業者や諸職人等々、働く人々すべてに共通することではあろうが、漁民においてはそれが、とくに厳重なように思われる。」

東大谷で漁の最中にけが人がでたり誰かが亡くなるといったことは滅多になかったようで、Eさんの話を聞いていると、仕事をしている時は常に死と隣りあわせだという気持ちから神を頼る、つまりお不動さんを信仰しているというふうにはあまり感じられなかった。同じ駿河湾でも駿河湾の外海に面した妻良と比較した場合、内海に面している東大谷はその地理的理由や沿岸漁業を行っていたということなどから、漁にそれほど大きな危険が伴っていたわけではないと考えられる。このことは、Eさんとはまた別の、現在85歳の男性の話からも確認できた。Eさんはもちろん海での身の安全も願っているが、それよりも、豊漁を願う気持ちからお不動さんに対する信仰を含めたいろいろな信仰心が起こっていると考えられる。というのは、Eさんが次のようなことを語っていたからである。「漁師は特に縁起をかつぐものですよ。ちょっとでも魚の群れを逃すと魚がとれなくなる、いつ魚がとれなくなるかわからない」と。魚がとれなくなれば自分たちの生活が危なくなってくる。生きていくということに大きく関わってくるのだ。豊漁を願って縁起をかつぐということは、3.4.で述べたいくつかの禁忌の事例によく現れていると考えられる。

今回の調査では先にも述べたように、漁業には漁業特有の禁忌、行事や儀式などがあることが分かった。そして、そこには必ず「超人間的」「超自然的」なものに頼ろうとする何らかの信仰心が存在している。漁師であったEさんの場合、生活とこれらの信仰が結びついている、生活の中に信仰がとけ込んでいると考えられる。だとすれば、普段私たちがただ単に「神様を信じる、信じない」と言う次元の問題ではなく、Eさんがお不動さんを尊い存在だと思う気持ちは、もっと日常生活のレベルでごく自然に生まれてきたといえる。地域の人々のお不動さんに対する信仰心が薄れつつある今、それでも「お不動さんは自分にとって尊い存在だ」とEさんが言うことは何も不思議なことではないのかもしれない。お不動さんを尊ぶということは、Eさんにとってあたりまえのことなのではないだろうか。

また今回の調査では、東大谷の地域で漁師を仕事としている人々にとって、お不動さんの存在がいかに大きなものであるかということも分かった。2. で述べた漁業とお不動さんの関連はもちろんだが、竜神さんや弁財天やえびすさんの御利益をお不動さんは一手に引き受けているということや、船に船霊様を祀る代わりにお不動さんの御札を祀っているということからもそのことが分かる。そして、大漁の時不漁の時と関係なくEさんは普段からお不動さんにお参りに行っていたということが、お不動さんの存在の大きさをよく表していると考えられる。
　漁師を仕事とする上で大切な存在であるお不動さんを敬う気持ちは、漁師をやめた今もEさんの中に自然な形で残り続けている。

参考文献
伊東稔浩 1990『大谷の里』芝印刷所
諸田森二 1977『フォークロアの眼7　海の暮らしと祭り』国書刊行会
田中宣一、小島孝夫編 2002『海と島のくらし――沿岸諸地域の文化変化』雄山閣
静岡大学人文学部社会学科　文化人類学研究室 2001『民族誌実習調査報告書　静岡県南伊豆町妻良』

フィールドワーク関連文献紹介

　ここでは、本文中では紹介していない、基本文献について紹介する。
　まず、本文中においてはあまり触れなかった地理学分野におけるフィールドワーク入門書としては、**市川健夫『フィールドワーク入門』**（古今書院、1985）がある。これ以外にも地理学分野の人が書いたフィールドワークについての著作はあるが、表題にみられるように地理学的フィールドワークの入門書として本書を紹介する。地理学的フィールドワークについては、本書の「地域調査のすすめ——はしがきにかえて」で明確に述べられている。

> 　地理学はフィールドワークと地図の学問だといわれている。民俗学や文化人類学も、地理学同様にフィールドワークを行うが、統計資料をほとんど併用しないし、また地図を読んだり、あるいは主題図を作成することはあまりしない。その点、地理学には独自のフィールドワークの手法があると思う。

として、第一章からは、筆者の今日までのフィールドワーク経験を基にして、農村、山村、漁村、都市の各フィールドをどのような観点から、具体的にフィールドワークをおこなってきたかについて、丹念に論じている。ここにおける記述では、筆者が地理学の「達人」から現場で学んだフィールドワークの技能が紹介されている。さらに、ここにおいてのキータームは、景観と生業形態だといえよう。そして、これらは当事者にとっては、通常意識化されない「当たり前」のことどもであって、専門的地理学者でなければ、その意味について知ることは困難なデータであるといえる。読者は、地理学の専門的見方についてここで学ぶことができるといえよう。そして、「あとがき」において、筆者は次のように述べている。

> 　とかく地理研究者は、言語、宗教、社会儀礼など、形而上学的なものに対して、調査をなおざりにする傾向があるが、社会の上部構造についても調べると、下部の社会経済構造との関連が明らかになって、調査がより楽しいものになろう。

とあるが、マリノフスキーのフィールドワークについて知っている人であれば、全体的アプローチの一環として、統計資料も使い、また、景観や生業形態は調査項目にあることを知っている。人間の観念のあり方（上部構造）と経済構造（下部構造）との関係について調べることもその調査のなかに入れられている。

次に、今日の日本におけるフィールドワークについての著作は、個人の経験の意味について論じているものがある程度のシェアーを占めている。**好井裕明、三浦耕吉郎編『社会学的フィールドワーク』**（世界思想社、2004）の編者である好井の「はじめに」には、次のように書かれている。

> 社会学がフィールドワークをおこなっていくとき、どのような経験があり、実践があり、それらが"調べる"という調査者自身の営みにどのように反省的に影響を与えているのか。その影響が翻って、個々の調査実践や知見にどのように反映されていくのか。抽象的に、机上の空論的に、いや、一般的な社会調査論テキストの説明のように語るのではない。自らの調査という体験から、具体的に例証し、説き起こしてほしい。そうした意図のもとによせられたものだ。

つまり、本書においては、調査者がその調査においてどのような経験をしたかについて、その意味を具体的に考えることが試みられているといえる。そして、続けて、次のように書かれている。

> 『現場』から沸き起こってくるさまざまな拒否のちから、抵抗するちから。そうしたちからと出会うとき、調査者は"調べている"自分の姿を反芻し、"調べている"営み自体をつくりあげている多様な装置、要素、営みの位相などを詳細に反省し、営みの背後にある問題理解の図式や認識のありよう、方法論までも、相対化し、さらに深めていくことができるのではないだろうか。

ここにおいては、「現場」の人間関係には、ちからが働いており、調査者もそのちから関係のなかで、調査を遂行しているのであって、そのあり方について反省的に理解し、自分の調査そのものの意味について考えなければならないといえる。

本書は、エスノメソドロジーという、社会学のなかではミクロ社会学の分野の方法論に依拠する好井と社会意識論を専門とする三浦の編集である。この編者による、個人としてのフィールドワーカーのフィールドにおける経験とその意味について考えるための著作は、この他にも、**好井・山田富秋編『実践のフィールドワーク』**（せりか書房、2002）、**好井・桜井厚編『フィールドワークの経験』**（せりか書房、2000）などがある。

このようなミクロレヴェルにおけるフィールドワークの意味についての著作として、**宮内洋『体験と経験のフィールドワーク』**（北大路書房、2005）をあげることができる。宮内は、新原道信「"移動民"の都市社会学――"方法としての旅"をつらねて」奥田道大編『21世紀都市社会学2　コミュニティとエスニシティ』（勁

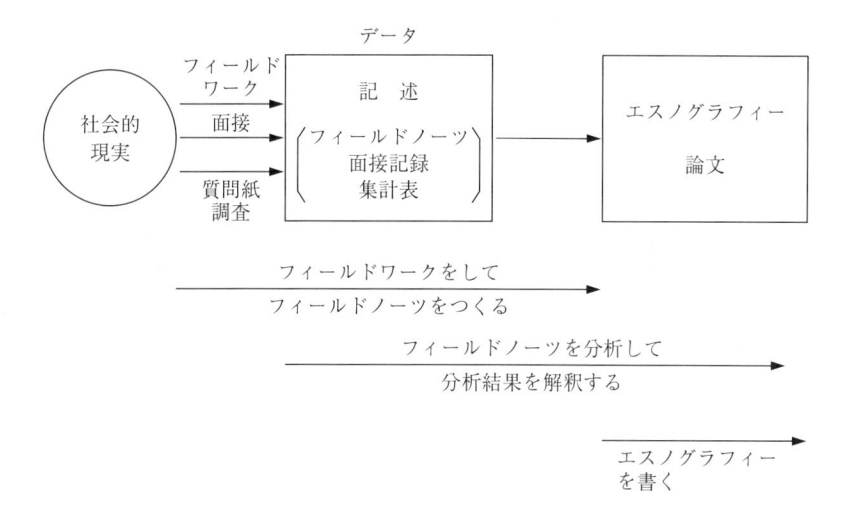

```
              データ
         ┌─────────────┐
 フィールド │  記 述       │
  ワーク   │ ⎛フィールドノーツ⎞│      ┌──────────┐
┌───┐ ──→ │ ⎜ 面接記録  ⎟ │ ──→ │ エスノグラフィー │
│社会的│面接 │ ⎝ 集計表   ⎠ │      │   論文    │
│ 現実 │ ──→└─────────────┘      └──────────┘
└───┘ 質問紙
      調査 ──→
```

```
        フィールドワークをして
    ────フィールドノーツをつくる────→

              フィールドノーツを分析して
        ───────分析結果を解釈する──────→

                        ──────→
                        エスノグラフィー
                        を書く
```

図1　フィールドワーク・プロセス

箕浦康子 1999『フィールドワークの技法と実際』ミネルヴァ書房、p.42

草書房、1995）の文章を引用して、

> 体験とはただ生起する史実を通り抜ける（fahren）ことであるが、経験する（erfahren）とは、自らが体験したことがらを、痛みをともなう形で（なぜなら自己の解体に直面するから）自らを切り刻み（analysieren）、ことがらの中に自己を埋め込みかつそこから切り離すという道程である。

と体験と経験の概念規定をしている。この著作においては、著者のフィールドワークに関わることが、赤裸々に語られており、フィールドワークに関わる「私」の意味について考えさせてくれる。宮内は、臨床発達心理士であり、かつ、社会学的・人類学的研究もおこなっているユニークな研究者であるが、臨床心理学の臨床場面と、フィールドにおける対人関係との比較の観点をもっていると考えられるので、個人の経験の意味について、自分自身を題材として本書を著したといえる。

　社会学を中心として、個人の経験の意味を考えるという潮流が一部にはあることがわかったが、宮内氏のように、心理学畑の研究者が著したフィールドワーク論に、**尾見康博・伊藤哲司編『心理学におけるフィールド研究の現場』**（北大路書房、2001）がある。本書においては、上記の箕浦康子による、システマティックなフィールドワークの過程論を紹介し（図1参照）フィールドにおける客観的な観察法を描いているが、そして、これは宮内氏が試みたようなフィールド経験の意味を問

うという、数値化できない臨床場面の意味を問う臨床心理学における非自然科学的方法、つまり自然科学的方法とはまったく反対の位置にある人間科学的方法であるととらえられるが、19章「心理学者にとってのフィールド研究」において、編者の伊藤は以下のように論じている。

> 論理実証主義の極へと大きく振れていた振り子が解き放たれて、その逆の方向へと大きく揺れている状況に、フィールド研究をする心理学者の多くはいる。論理実証主義の研究スタイルでは、研究者はむしろ『透明人間』であるべきであるという、本来的に不可能な要求をされる。研究者は『客観的』な目を持っていることになっており、研究上では主体的な『私』としては、けっして立ちあらわれてきてはいけないのである。ところが振り子が大きく逆へ振れた結果、どうしても立ちあらわれないではいられない研究者自身の『私』という存在に、対峙せざるをえなくなっている。―中略―かくしてフィールド研究をする心理学者は、なり損ないフィールドの一員という立場と、そこから引いて観察する研究者の立場という相矛盾する二重の立場を自覚的にとることになり、またそれらの関係のなかで揺れ動き、思い悩むことになる。いきおい、『私』はいったい何者なのかという問いさえ、自らに突きつけたりすることにもなる。それゆえに心理学者が書くエスノグラフィー（民族誌）は、その揺れ動く様を含めたものにならざるをえないことが多いようである。しかしそこにこそ、心理学者によるフィールド研究の特色を出せる取っかかりがあるのだろう。それを大事にしていかねばなるまい。

とある。つまり、論理実証主義（自然科学の方法であり、本書によればその反対が解釈的アプローチであるという。これは、学問的にいうと、interpretive approachの意であり、正確には解釈学的アプローチといわなければならない。これについては2章p.27を参照のこと）だけでは、フィールド研究が成り立たず、さりとて、それにかわる新たなスタンスも決められない、そのジレンマに心理学者は立たされることになると考えられる。しかしながら、このジレンマ故に、新たな方法が開発される可能性もあることになる。この一例が宮内氏の著作ということになろう。実のところ、日本の心理学会においてフィールド研究は、かなりマイナーな領域であり、実験的手法の方が主流なので、編者たちは新たな心理学的潮流をつくりだそうとしているといえる。

自然科学の方法論によらない人間科学によるフィールドワークについて論じている著作としては、**杉万俊夫編『フィールド人間科学――よみがえるコミュニティ』**（ミネルヴァ書房、2000）がある。本書のテーマは住民主導の地域づくりであり、文化人類学的にいえば、基礎研究を遂行しながら、その成果を応用して、地域づくりに役立てる応用人類学の実践ということになる。この実践においては、アクショ

ン・リサーチが必要になり、調査・研究しながら、自らも何らかの貢献を意図したアクションをおこすことになる。このような研究であり、かつ実践でもあるフィールドワークのためには、自然科学的方法には限界があるとしている。編者の杉万は教育学部大学院出身の社会心理学の専門家であるがゆえに、自然科学の方法の限界を意識化できている。また、出身校・出身学部は筆者と同じであり（九州大学教育学部）、ここには、文化人類学専攻コースもあったので、フィールドワークの洗礼をそこで受けることができたと考えられる。このような環境条件がある教育学部は他に例が見られなかった。杉万によれば、

 研究者と研究対象との間に一線など引けないこと、研究者と研究対象による共同的実践が進行してしまうことを織り込み済みにした上で行われる言説化もありうるはずである。いや、前向きに、研究対象（当事者）との共同的実践を意図した上で行われる言説化も、あってしかるべきである。そのような研究対象との共同的実践を前提ないし目的にする言説化の営みを、人間科学と呼ぶことにしよう。もはや、科学＝自然科学ではない。もう１つの人間科学もある。科学＝自然科学＋人間科学である。

 読者は、すでにお気づきだと思うが、ここで言われている人間科学とは、学説史的に考えると自然科学とは別の科学であり、それは人間を理解し、人間の営みを解釈する科学だといえるので、精神科学、つまり解釈学だと考えられる。ただ、本書においてはこのような学説史についての説明等はほとんど展開されておらず、社会実践とフィールドワークとの関係やそれを支える理念が説明されている。

 自然科学的方法を取るかどうかは別にして、フィールドの経験に基づいて自らの学問を構築していくという学問的伝統に基づいて編集された著作が、**田中圭治郎編『現場の学問・学問の現場』**（世界思想社、2000）である。この著作は、社会学者、加藤秀俊の学恩を受けた人々の論文を集めたものである。そこで、加藤氏の学問的系譜を、次の引用によって、わかりやすく説明している。

 今西先生は、つづけて、おまえには、まず他人の学説にもとづく結論があり、その結論を飾り立てているだけである。ゆるぎなき具体的事実の把握から結論とおぼしきものを模索してゆくのが学問というものである。ばあいによっては、結論なんか、なくてもよろしい、これからは事実だけを語れ——そういって、今西先生は、タバコに火をつけて、プイと横を向いてしまわれた。

 これは京都大学のある研究会の出来事だったという。また、今西先生というのは今西錦司である。これから、加藤は、現場にあたってしらべ、現場に即して考える

ようになった。学理的なレヴェルでは、経験主義に基づく現場主義ということになると考えられるが、個人的経験の意味そのものを問う、前述の好井や宮内とは異なり、経験的事実からの発想がここにおいては重視されているといえる。これはまた、川喜田二郎のKJ法にもつながる日本における学問的系譜のひとつである。

　加藤門下のひとりである**山中速人編**の『**マルチメディアでフィールドワーク**』（有斐閣、2002）は、CD-ROM付のフィールドワークの入門書である。山中によれば、フィールドワークの「わざ」は、経験主義に基づく技能と、その手法を一般化した技法に分けられるという。そして、この両者を相互に合い補わせることは重要であるとして、次のように論じている。

> 　私たちは、フィールドワークを学ぶにあたっては、その多様性と魅力を知る傍らで、今日のフィールドワークをめぐる現実を直視し、また、その技法を習得にあたっては、フィールド固有の経験と普遍的な技術の両面に目を配りながら、フィールドワークを通して何を学び、また、いかに学ぶことができるのかを問い続けることが必要なのだろう。それは、言うは易く、おこなうに難い課題である。だが、その困難な課題を達成する一つの方法は、フィールドワークの具体的事例をできるだけ数多く示し、その事例に沿いながら、フィールドワークをめぐるさまざまな問題を考え、技法を習得していくことではないだろうか。多くの事例を知ることによって、はじめて調査技法や問題解決の実際を具体的に学ぶことができるからである。事実、多くの入門書が事例の紹介に力を注いでいる。

としたうえで、具体的なフィールドの状況を知るためには、活字だけでは限界があるとして、音声、映像をCD-ROMで聞き、見えるようにしたのである。本書の各章を書いている七人のフィールドワーカーは、それぞれ、文化人類学、社会学等を専攻しており、これまでにフィールドワークを続けてきた者たちである。また、以上の引用でわかるように、経験主義による現場における学習というスタンスは加藤と共有されているといえよう。

　フィールドワークの技法については、すでに本文中でも紹介したが、**佐藤郁哉**の二つ目のフィールドワークについて著作『**フィールドワークの技法――問いを育てる、仮説をきたえる**』（新曜社、2002）がある。最初の『フィールドワーク――書を持って街へ出よう』から10年後の姉妹編出版であったが、この本は、前著と異なり、フィールドワークという調査方法のエッセンスと具体的な技法の詳細についての実践的な手引書、いわゆるハウツウ本であるという。実のところ、このようなフィールドワークについてのハウツウ本も、一部の翻訳書を除くと、ほとんどなかったのであるから、この本の需要はあると考えられる。ノートの取り方、録音のやり方など、フィールドワークを実践するうえで、基本的なハウツウが紹介されてい

る。このようなハウツウに加えて、フィールドワークを実際の社会生活に応用するための本も、佐藤によって出版されている。それが、**『組織と経営について知るための実践フィールドワーク入門』**（有斐閣、2002）である。本書では、フィールドワークの技法が、組織や広義の経営現象を理解するうえで、どのように応用可能かについて、具体例を使いながら論じられている。

多数のフィールドワーカーが自らのフィールドワークを語る入門書としては、**須藤健一編『フィールドワークを歩く――文科系研究者の知識と経験』**（嵯峨野書院、1996）がある。本書は、文化人類学、人文地理学、社会学、民俗学、歴史学、文学の専門家、総勢38人のフィールドワーク紹介本になっている。

最後に重要なことを付け加えなければならないだろう。ここまでお読みの読者ならば、お気づきであろうが、文化人類学の専門家が単独で、そして単著で論じたフィールドワーク論は、近年、まったくない。本来的には、フィールドワークを実践し、そしてその教育もおこなってきたはずの文化人類学者によるフィールドワーク論がないということは、日本の文化人類学者の怠慢としかいいようがないだろう。もちろん、単独の民族誌等においてはフィールドワークについて論じてもいるのであるが、そのような専門書は一般的に読まれることは稀であり、一般の人用のフィールドワーク論が必要だといえよう。

言い訳じみているが、**松田素二・川田牧人編『エスノグラフィー・ガイドブック――現代世界を複眼でみる』**（嵯峨野書院、2002）には、文化人類学者を中心とした人々によるフィールドワークに基づいた、複数のエスノグラフィー（民族誌）が網羅的に紹介されている。自らのフィールドワークについて語ることは困難であり、できれば「自分ひとりの胸のうちにおさめておきたい」と、フィールドワークを経験したことのある文化人類学者ならば、誰しも思うことであろう。文化人類学者にとって、それを語る前に、まずは、民族誌を出すというスタンスがとられやすくなるだろう。しかしながら、研究ではなく教育について考えるときには、「出すべきものは、学生のために、そして社会のために出す」必要があるといえるのである。拙著は、フィールドワーク教育についての本であるが、フィールドワークについても論じているので、いくらかでも、この怠慢への「謝罪」になれば、誠に幸いである。

あとがき

　本書を書き終わった後、貴重な1冊の紹介を忘れていたことに気づいた。これは、上野和男・福田アジオ他編 1987『新版　民俗調査ハンドブック』（吉川弘文館）である。民俗学によった調査項目等が網羅されているので、特に日本国内の「伝統社会」の調査をする人にとっては、役に立つ本であろう。ただし、文化人類学とは異なり比較の観点は希薄である。

　「あとがき」でぜひとも書かなければならないのは、私の友人たちが2005年に記念すべき労作を出版したことである。ひとつは、奥野修司『ナツコ——沖縄密貿易の女王』（文藝春秋）であり、あとひとつは野村進『日本領サイパン島の一万日』（岩波書店）である。前者は副題にあるように、日本敗戦直後の沖縄における密貿易についてのルポルタージュであるが、文字資料ゼロからの出発で、根気強いインタビューによって日本現代史に肉薄している。これは、沖縄研究の必読文献である。後者は、同著者の『海の果ての祖国』（講談社）をもとにした別作になっており、日本の旧植民地の社会史を植民した人々の視点で描いた、「南洋」からの問いを現代人に突きつけている。いずれも、フィールドワークを志す人ならば、必読文献である。

　また、NPO、NGOに関心をもっている人ならば、鄭仁和 2002『NGO海外フィールド教本——国際支援活動のためのフィールドトレーニング＆ライフセービングマニュアル』（並木書房）がお勧めである。鄭さんとの付き合いも古いが、大学時代からのフィールドワークの積み重ねが、この本に結実している。本書では、鄭さんが取り上げているような、サバイバル法については解説していないので、自然との付き合い方が生死を分ける場所でフィールドワークをする人は、鄭さんのこの本を参考にしてもらいたい。

　最後に、フィールドワーク教育に参加してもらった学生さんたちにお礼を

申し上げたい。ありがとう。また、玉川大学出版部の成田隆昌氏には、出版に際して大変ご協力いただいた。ありがとうございます。

2005年師走
　　　　　正風会合気道一級　原尻英樹、小手の合気を鍛錬しながら

索　引

〔ア　行〕

アイデンティティ　39, 51, 75
厚い記述　27
アメリカ　23, 45-49
アメリカ文化人類学　27, 28
新垣清　18, 19
アングロ・サクソン系　31
安楽椅子の人類学者　22
イエ　24
イエ観念　62
壱岐島　50, 51, 53, 59, 62, 123, 139
イギリス　21, 23, 27-29, 31, 62
生野　42-45, 47-49, 59
石田英一郎　31
泉靖一　22
市川健夫　161
伊藤哲司　163
異文化　62, 83, 115-118, 122, 125
今西錦司　165
姻戚関係　51, 52, 74, 75
引率　89
インターアクション　90, 102, 133, 136
インフォーマント　41, 82, 84, 90, 100, 101, 141
植芝盛平　19
ウェーバー, M.　27, 129
宇久島　50, 53, 122
ウソをつかない　112, 115
エヴァンズ・プリチャード, E. E.　27
エスニシティ　41-43, 162
エスノグラフィー　21, 23, 26, 29, 36, 37, 59, 131, 164, 167
『エスノグラフィー・ガイドブック』　167
応用人類学　23, 164
大宅壮一ノンフィクション賞　29
おかげ　11, 126
岡正雄　31

〔カ　行〕

『沖縄武道空手の極意』　18, 19
小値賀島　50, 53
尾見康博　163
オリジナリティー　102

絵画　25
外国人労働者　42, 44
解釈学　24, 27, 28, 165
解釈学的連関　24
解釈人類学　27
学問的営為　30
学問的理念　30
勝本浦　51, 52
加藤秀俊　165
下部構造　161
カリキュラム　93, 95, 96, 102, 134, 136
カルチャー・ショック　41
カルチュラル・スタディーズ　105
川喜田二郎　33, 166
川田牧人　167
観　17-19, 25, 26, 28, 30, 32
慣習　15
感性　13
間接経験　25
寛容性・差別観　126
ギアツ, C.　27
聞き書き　13, 14, 40, 57, 58
聴く方　14
絆　11
客観性　20
共感能力　13, 58
京都大学　33, 165
教養　12
教養教育　135
慶尚道　40
『近代教科書の成立』　121
近代経済学　26

鯨組　51
クラ　26-28
倉沢進　33
グループ・ディスカッション　101
グローバリゼーション　4, 23, 49, 123
グローバル・コミュニティ　45, 59
経験主義　166
KJ法　33, 166
言語　16, 17
現地視察　19, 42, 57, 58
現場主義　166
『現場の学問・学問の現場』　165
権力構造　51
交換システム　26
考古学　23, 123
講組　24, 62
構築主義　35
『高地ビルマの政治体系』　29
誤解　13
国際化　4
黒人　48
ご都合主義　30
古典　3
五島　50, 53, 59, 62, 122, 123
コミュニケーション　11, 12, 100-103
コミュニケーション能力（力）　11, 12, 58, 79-81, 90, 96, 102, 103, 116, 132, 133, 135, 136
コミュニティ計画　23
『コリアンタウンの民族誌』　45

〔サ　行〕

『在日朝鮮人の生活世界』　39
桜井厚　162
佐藤郁哉　29, 32, 33, 35, 38, 59, 105, 106, 166
佐藤健二　33
サブ・カルチャー　59
サーベイ　33, 34
参与観察　48, 60, 61, 104, 141
シカゴ　45, 48, 49, 59
シカゴ学派　33, 34
シカゴ大学　32, 33
自己愛　133

自己中心性　17, 83
自己理解　16, 23, 37, 58, 66, 112
自殺論　15
システム論　27
自然科学　19, 20, 22-24, 27, 28, 164, 165
自然観察　19, 33
自然人類学　23
時代　15
実習指導　60, 89
実習地　60-63, 69, 70, 74, 89, 90
実践のフィールドワーク　162
社会　35
社会学　26, 27, 29, 32-35, 59, 62, 162, 163, 166, 167
社会学的フィールドワーク　162
社会的行為論　27
社会的事実　35
ジャーナリスト　29, 59, 65
ジャーナリズム　29
修学旅行の引率　89
宗教　16, 22, 27, 52, 53, 81, 82, 84, 139, 161
授業アンケート　91, 95
守破離　129
シュライエルマハー, F.　27
小共同体　23
小集団　59
上部構造　161
初期導入教育　58, 59, 79, 80, 85, 127, 133-135
『職業としての学問』　130
植民地　39, 42, 45, 48, 49, 139
真摯　13, 14, 100
新入生セミナー　79
人文・社会科学　19, 20, 34
心理学　15, 34, 36, 37, 78, 92, 101, 163-165
『心理学におけるフィールド研究の現場』　163
人類学　21-24, 27-29, 31, 35, 37, 39, 52, 62, 163, 164
杉万俊夫　164
須藤健一　105, 106, 167
生業　27, 70, 72, 81, 141, 155, 161
精神科学　27, 165
責任　17

潜在的能力　12
全体的アプローチ　23, 24, 27, 28, 35, 41, 45, 50, 52, 59-62, 66, 73, 76, 104, 131, 135, 161
総合学習　13, 33
『組織と経営について知るための実践フィールドワーク入門』　167
祖先崇拝　24

〔タ　行〕

大韓民国　39
『体験と経験のフィールドワーク』　162
対話　12
高みの見物　17
他者　11
他者理解　13, 16, 66, 117
他者理解と自己理解　4, 58, 112
ただの人　124-126
田中圭治郎　165
済州島　42-45, 49-51, 53, 59, 62, 104
朝鮮　39, 40, 41, 45, 49, 59, 111, 122, 123
朝鮮民主主義人民共和国　39
直接経験　25, 69
著者　28
全羅道　45
対馬島　50, 62
DNA　23
ディルタイ, W.　27
テキスト　27
デュルケーム, E.　15, 27, 35
添削　85, 86
添削指導　84, 92, 94, 95
伝統社会　49, 59, 60, 104, 106
ドイツ＝オーストリア　31
東京大学　36
統計調査　34
同族　24
都市計画　23
都市社会　59, 60, 104
鳥居龍蔵　33
トロブリアンド諸島　26, 27

〔ナ　行〕

仲新　121

ナルシシズム　92, 101, 103, 133
『西太平洋の遠洋航海者』　3, 22, 24, 26, 57
日本　23, 39
日本定住コリアン　31, 39, 40, 41, 43, 44, 59, 97
『日本定住コリアンの日常と生活』　31, 40, 105, 110, 124
日本農村社会学　24, 62
日本文化人類学会　31, 52, 131
日本民俗学　24
日本民族学会　31
ニューカマー　47
ニュートン力学　22
ニューヨーク　45, 47, 49, 59
人間理解　23, 24, 28
認識の客観性　17
ネットワーク　45, 49, 59
農民組織　24
ノンフィクション　29

〔ハ　行〕

パーソンズ, T.　27
発展途上国　23
話す方　14
原尻英樹　31, 37, 105, 126
ハワイ大学　39, 42
比較　16
比較民族学　31
ヒスパニック系　48
人を受け入れる方法と実践　11
ヒヤリング　13, 65
フィールドデータ　22, 27, 30, 37, 39, 41, 52, 66, 90, 135, 136
『フィールド人間科学』　164
フィールドワーカー　28
フィールドワーク経験　36, 59, 84, 109, 120, 131, 161
『フィールドワーク』　32, 105, 106, 166
『フィールドワーク入門』　161
フィールドワークの概念規定　11, 13
『フィールドワークの技法』　35, 166, 167
『フィールドワークの技法と実際』　36, 105, 106
フィールドワークの経験　130, 131, 162

フィールドワークの実践　4, 11, 12, 21, 28, 33
フィールドワーク論　3, 33, 34, 36, 38, 163, 167
『フィールドワークを歩く』　105, 106, 167
複眼的思考　117
部族　22, 23, 26
巫俗　53
物理学　22, 24, 137
部分的アプローチ　24
文化　25
文化人類学　23
文化人類学概論　79, 80, 84, 91, 93, 94, 127
文化相対主義　25
文化の解釈学　27
ベトナム　46
偏見　13, 100
ボアズ, F.　24, 27, 28
方法論　24, 29, 31-34, 41, 90, 152, 162, 164
ポスト近代　45
盆踊り　66, 67, 140, 147, 148

〔マ 行〕

マイノリティ　39-42, 45, 46, 48, 105
『マイノリティの教育人類学』　43
マクロ社会学　35
マジョリティ　40, 41, 48, 105
町村敬志　33
松田素二　167
マリノフスキー, B.　3, 21, 22, 24, 26-28, 32, 34, 57, 105, 161
『マルチメディアでフィールドワーク』　166
三浦耕吉郎　162
ミクロアプローチ　35
ミーティング　65, 68, 78, 84, 90, 101, 104
箕浦康子　36, 59, 105, 106, 163

宮内洋　162
宮沢賢治　45, 126
民族学　21, 23, 24, 31, 33
民俗学　24, 31, 37, 62, 152, 153, 161, 167
民族誌　21
民族集団　39, 41, 42, 43
無文字社会　23
文字　25
モノ　19
『森の回廊』　29

〔ヤ 行〕

野外活動　19, 33
柳田国男　31
山田富秋　162
山中速人　105, 166
ユダヤ系　48
好井裕明　162
吉田敏浩　29
吉丸慶雪　114
ヨーロッパ　23, 31, 123

〔ラ 行〕

ラポール　40, 64, 99
リヴァーズ, W.　21, 57
リーチ, E.　29
倫理　19, 30, 35, 37, 116, 117
ルポルタージュ　29
歴史民族学　31
レディネス　78
ロサンジェルス　45-47, 49, 59
論理実証主義　164
論理的能力　13

〔ワ 行〕

倭寇　50

□著 者

原尻英樹(はらじりひでき)
静岡大学人文学部社会学科文化人類学教授
1958年福岡県生まれ。九州大学教育学部卒業。同大学大学院教育学研究科博士後期課程中退。ハワイ大学人類学部、政治学部大学院留学。イースト・ウェスト・センター主催の各種国際シンポジウム、ワークショップ等の企画・運営に参加。ハワイ大学政治学博士（Ph. D.）、九州大学教育学博士（教育人類学）。長崎県立大学経済学部文化人類学専任講師、放送大学教養学部文化人類学助教授を経て、現職。専門分野：文化人類学、教育人類学。
著書：『マイノリティの教育人類学』（新幹社、2005年）、『日本のなかの世界』（新幹社、2003年）、『「在日」としてのコリアン』（講談社、1998年）、『文化人類学』（放送大学テキスト、共編、1996年）等

フィールドワーク教育入門　コミュニケーション力の育成

2006年2月28日　第1刷

著　者　原尻　英樹
発行者　小原　芳明
発行所　玉川大学出版部
〒194-8610　東京都町田市玉川学園6-1-1
TEL 042-739-8935　　FAX 042-739-8940
http://www.tamagawa.jp/introduction/press
振替　00180-7-26665

NDC 389　　印刷所　株式会社ケイエムエス

© Harajiri Hideki 2006　Printed in Japan　　乱丁本・落丁本はお取替いたします
ISBN4-472-40329-3 C3039

成長するティップス先生
授業デザインのための秘訣集

池田・戸田山・近田・中井著

名古屋大学ウェブ版ティーチング・ティップスの普及版。充実した項目参照、FAQ、索引で複合的に授業のコツを学べるように構成されている。　四六　1400円

大学で勉強する方法
シカゴ大学テキスト

A. W. コーンハウザー著／山口栄一訳

シカゴ大学の新入生用に作成された実践的勉強法のガイドブックの3訂版。今すぐ応用できる数々のテクニック、戦略、練習法が纏められている。　B6　971円

シカゴ大学 教授法ハンドブック

A. ブリンクリ他編／小原芳明監訳

講義のしかた、試験の作成、評価の方法など、授業の運営に役立つ具体的アイディア満載。大学教員にとって「使えて余りある」実践書である。　A5　2000円

大学生活ナビ

小原芳明監修／玉川大学コア・FYE教育センター編

大学ってどんなところ？　高校を卒業したばかりの新入生を対象に、大学で効率よく充実した生活を送るためのスキルを具体的かつ実践的に示す。　B5　2400円

表示価格に消費税が加算されます　　　　玉川大学出版部